冒 险 永 不 结 束

奇遇时刻
ventura

奇遇时刻

ventura

二〇二五年出品

①
——
《瓦尔登湖》

《王尔德故事全集》（全3册）

②
——
《我依然在学习热爱深渊》尼采

《人是一种太不完美的东西》尼采

《为什么会有战争?》弗洛伊德 / 爱因斯坦

《友谊四书》西塞罗 / 蒙田 / 培根 / 梭罗

③
——
《看见青年》

⑤
——
《悟空西游》

《甲午：勉为其难的战争》

⑥
——
当代学人《思想巨变中的日本》

漫　画　《相反的人》

《热水用完了，问题还没想明白》

……

⑥ 单行本

☆ 以多元的创作，理解我们自身，理解外部世界

☆ 新东西才是好东西，探索边界，保持开放

⑤ 奇遇历史

☆ 面向未来，书写过去

☆ 新鲜、好读、有启迪的历史作品

④ 聊遇（心理学）

☆ 疗愈动荡时代中每一个孤独的人

☆ 辑选不可不读的经典著作，挖掘有影响力的当代作品

③ 遇见（非虚构）

☆ 从奇遇出发，看见世界

☆ 看见被淹没的群体，展现更舒展的个体叙述

② 小经典

☆ 先有人的生活，才有人的思想和创作

☆ 选取最有趣的人最真实的情感与思考，呈现大师们在盛名之外的本真生活

① 奇遇文库

☆ 经典是随身携带的小型庇护所

☆ 轻巧便携的文库本装帧

作为一家出版品牌，

奇遇时刻旨在呈现新鲜的时代声音，关注个体的心灵叙事。

世界装进口袋，故事随时打开。

当我们打开同一本书，冒险开始了。

冒险永不结束

查拉图斯特拉时期箴言集

FRIEDRICH NIETZSCHE

我
依然在
学习
热爱深渊

[德] 弗里德里希·尼采——著

孙周兴——编译

广西师范大学出版社

·桂林·

我依然在学习热爱深渊

WO YIRAN ZAI XUEXI REAI SHENYUAN

图书在版编目（CIP）数据

我依然在学习热爱深渊：查拉图斯特拉时期箴言集 /
（德）弗里德里希·尼采著；孙周兴编译 . -- 桂林：广
西师范大学出版社，2025. 8. -- ISBN 978-7-5598-8337-7

Ⅰ . B516.47

中国国家版本馆 CIP 数据核字第 2025MC8561 号

广西师范大学出版社出版发行

广西桂林市五里店路 9 号　邮政编码：541004

网址：http://www.bbtpress.com

出　版　人：黄轩庄

经　　　销：全国新华书店

发行热线：010-64284815

印　　制：北京雅昌艺术印刷有限公司

开　　本：715×889mm　1/32

印　　张：8.125

字　　数：121 千

版　　次：2025 年 8 月第 1 版

　　　　　　2025 年 8 月第 1 次印刷

定　　价：46.00 元

如发现印装质量问题，影响阅读，
请与出版社发行部门联系调换。

目录

1882年夏至秋箴言 *

* 据1882年夏至秋笔记,《尼采著作全集》(KSA)第10卷笔记3[1]。相应的手稿编号为:Z I 1。——译注

I

A: 公正意味着什么？B: 我的公正乃是带有观看之眼的爱。A: 但思量一下你所说的: 这种公正宣判除法官之外人人都无罪！这种爱不仅承担一切惩罚,而且也承担一切罪责！B: 理当如此!

2

迟来的年轻能保持长久的青春。人们未必要在年轻人那里寻找青春。

3

如果一个人的才能下降,他的道德品质就会更明显;而随着夜幕降临而变得更可见的星星,并非总是如此。

4

谁若不能看到一个人的高贵,他恰恰因此就会以一只猞猁之眼来看一个人的卑下。

5

也有一种认识者的纠缠不休: 它注定只能看到万物的表层。

6

如若有五人在一起谈话,总是必有第六人死掉。

7

上帝窒息于神学；道德窒息于道德观念。[1]

8

迄今为止最爱人类的人总是给人类带来最大的痛苦：他们要求人类做不可能之事，就像所有情人一样。

9

一位圣徒如是说："我爱上帝——因为人是一个太不完美的东西。对一个人的爱会把我毁掉的。"

10

魔鬼必须成为上帝的拥护者的时代到了：如果它自己想要继续存在的话。

11

"你对迄今为止有价值的一切都冷漠了，你比冰还冷酷——但现在谁碰触到你，都说你变热了：然后快速收回自己的手指，以为你已经把它烫伤了。而且，很快就会有人来找你，从你那里取暖。"

12

求大者是奸诈的。最优秀的人都求小。

13

谁不使我们卓有成果，他对我们来说就肯定会变得无关紧要。但无论我们使谁卓有成果，我们都不会因此长久地爱他。

14

第三者始终是一块软木，它阻碍着两人的交谈沉入深处：这可能是一个优势。

15

在行为之前先抛出你的金言吧：通过因食言而产生的羞耻感承担起你自己的义务吧。

16

引诱邻人对自己产生好感和好观点，然后把这种好感和好观点当作权威来相信，此乃女人的本性。

17

在否认、摧毁、仇恨、报复方面，女人比男人更野蛮。

18

我们所做的牺牲只能证明，当我们热爱某物时，其他所有事物对我们来说是多么不值一提。

19

我们最喜欢做的事，我们希望它被当作我们最难做的事。

20

在所有作为女性虚荣心的背景下，女人们总还是对"这个女人"[1]怀有蔑视。

21

我们在一个人身上认识到的东西，我们也在他身上把它点燃；还有，谁若只认识一个人的低级品质，他也就对此人有一种刺激力，并且使之释放出来。你的邻人们对你产生的情绪和影响，乃是对你的认识的批评——根据高与低的程度。

22

给自己的情绪一个名称，这已经是超越情绪的一步。例如，最深的爱不知道如何命名自己，可能会问："难道我不是恨吗？"

23

男性与女性的情绪在节奏上是不同的：因此，男人与女人永远不会停止相互误解。

1　此处"这个女人"（das Weib）以单数定冠词 das 表示"女性"身份，故似也可以译为"女人本身"。——译注

凭借他人的所有知识，人们不会摆脱自己，而总是越来越多地进入自己。

24

就像在梦中一样，我们清醒时也做这样的事：我们总是首先发明和虚构我们交往的人——然后立即忘掉了他们是被发明和虚构出来的。

25

人们也会因自己的德性而受惩罚。

26

性情的需要不能与对一些冷酷人物的性情的需要混为一谈。

27

不需要撒谎的人以不撒谎为荣。

28

女人更懂孩子，但男人比女人更孩子气。

29

信徒的天然对手不在自由精神中，而在虔诚的人身上。

30

创造者是最受憎恨的：因为他们是最彻底的毁灭者。

法利赛主义不是善人的蜕化，而是善人成善的一个条件。

我们热爱生活，不是因为我们生活着，而是因为我们习惯了生活。

人们也应当不时地让自己的德性睡着。

你相信你的"死后的生命"吗？所以你必须学会在你有生之年死去。

我们的缺陷是我们最好的老师：但对最好的老师，人们总是忘恩负义。

"我们不要谈论这个了！"——"朋友，我们甚至不能对此保持沉默。"

那个不必蔑视自己所爱之物的人，他对爱懂得什么啊！

38

要想看得清楚,必须撇开自己。

39

"人是不平等的!"——公正——如是说。

人们不相信许多事物,只是因为人们不相信那些流行的解释。

40

谁若有满腔正义之热情,他也会觉得自己最痛苦的情绪还是一种解脱。

41

正是通过使他人变得困难的东西,诸如恨和爱,沉重的、忧郁的人才变得更轻松,才浮出水面。

42

在我看来,肥皂泡和蝴蝶及其在人类中间的同类最懂得幸福:看到这些轻盈的、愚蠢的、灵活的、秀丽的灵魂在翩翩飞舞——这让我感动得流泪,诗兴大发。

43

"你看到自己的魔鬼了吗?"——"是的,沉重的、严肃的、深刻的、彻底的、庄严的：它就这样站在那儿，完全作为 genius gravitationis [重力的精神]，万物都因之而——下落。”

44

谁若同情整个种属，他就会被每个个体感觉为冷酷的和暴虐的。

45

一个廓清自己的事物不再让我们感兴趣。所以你要小心啊，你自己不要太开明了！

46

如果有人想要被一个完整的、盈满的人所爱，他就必须懂得如何成为一块海绵。

这是认识者最常见的不诚实种类：他们否定事实。

47

谁若看到过一个人的理想，他就会觉得真实的人就是其漫画。

48

这个人为自己的想法寻找一个助产士，另一个人寻找一个他能帮助的人：这就产生了一场好的谈话。但当两个助产士碰在一起时，苦啊！他们的钳子不是白拿的！

49

不能找到通往自己的理想之路的人，就会比根本没有理想的人活得更轻率和更放肆。

50

魔鬼具有对于上帝的最佳视角：因此他就让自己远离上帝——这就是说，他是一位认识之友。

51

"如果不想让纽带断裂，
你就必须咬住它。"

婚姻是最虚假和最伪善的两性交往方式，可能适合那些既没有能力爱也没有能力获得友谊、喜欢在这种缺陷方面欺骗自己和他人的人们：为此，国家和宗教其实是把婚姻神圣化了，而且因为它们对这两者都没有什么经验，所以它们也不可能对婚姻失望。

52

智者的危险在于，他恰恰受到最多诱惑，去爱上无理性的东西。

53

对女人的爱情！如果它不是对一个受苦受难的上帝的同情，那它就是一种本能，要寻找隐藏在女人身上的动物。

54

道德愤怒是最无信义的复仇形式。

55

在所有共同的悲苦中保持快乐，此乃英雄的事业：而且不是出于同情，而是基于丰盈，英雄放弃自己和"牺牲自己"，——正如人们所说的那样。

56

私利与激情是相互联姻的：这种婚姻被叫作自私：这种不幸的婚姻啊！

57

怎么？你不想以你的效果而被衡量，而是以你的意图而被衡量吗？但你的意图本身源于你的效果。

58

经过长久思虑的一切都会变得可疑。

59

可怕的经历让人猜测，有此经历的人是否并不是某种可怕的东西：也许他自己不知道。

60

婚姻是最虚假的两性交往形式；正因此，它有好良心在身边。

61

人们通常为了自己的好名声牺牲太多：也即为自身。

谁若意愿成为人民的领袖，就必须在很长一段时间内意愿把他们当作自己最危险的敌人。

62

人们追随每个善于说服他们，让他们迷了路的人：听说他们竟然有一条路，这使他们十分得意。

63

"发自内心"的大思想，来自下半身的小思想：两者都是坏想法。

"大思想"？我的朋友啊，这是一些让你膨胀和变大的思想：风箱可不是什么大东西！

并不是说，一个人如何爱，出卖了他最内在的本性的庸俗或者崇高——这就是说，在所有方面，爱与其说是叛变者，不如说是撒谎者！然而要留心啊，一个人在被爱时是如何行动的！——而且，对于一些有理由保持不被看透的人来说，他们从未被爱过，这是他们的命运的精妙之处。

为了认识而生活也许是很棒的事：但这实际上是快乐的一个标志。具有这种意志的人看起来就像一头试图倒立的大象一样有趣。

"可是你怎么能这样做啊！"——一个朋友对一个非常聪明的人说——"这是一种愚蠢！"——这对我来说也已经够难了，他回答道。

拿撒勒的耶稣爱恶人而不爱善人：看到他们的

道德义愤,连他自己也受到诅咒。凡有审判的地方,他就站在那些审判者一边:他想要成为道德的毁灭者。

68

耶稣对人们说:"爱上帝,像我一样爱上帝,作为他的儿子:道德与我们上帝之子有何相干嘛!"

69

你们以为你们在寻找"真理"! 你们在寻找一个领袖,你们乐意被指挥!

70

为什么如此远离? ——"我发现没有人是我还能服从的,也没有人是我想要命令的。"

71

牧人总归也还必需一只领头羊。

72

爱能彰显一个人高贵而稀罕的品质;就此而言,爱欺骗了他(尤其是他自身)。但是,谁若不想被欺骗,那就要留心,当一个人知道自己被爱但自己又不爱时会发生什么:这时候,一个灵魂本身会出卖自己的沉淀物。

还没有人完全认识到自己的真诚。

人们已经把闪电变成无害的：但这还不够，闪电应当学会为我们工作。——这就是我对你和我身上所有的"恶"的看法。

基督教的上帝，爱与残暴的上帝，乃是一个非常聪明的、在没有道德偏见的情况下构想出来的位格(Person)：对于想要征服地球的欧洲人来说，相当于一个上帝。

被一个时代感受为恶的东西，让一个时代认识到自身理想的对立面的东西，实际上就是过去被认为是善的东西的一个尾音，可以说是一个旧理想的返祖现象。原罪——在任何情况下都＝原德性。

从所有法官眼里都可见出刽子手。

如果人们已经超越了善与恶，那么即便在悲剧中，人们也只会看到一种无意的喜剧。

哲学体系乃是人们可以用来谈论自己的最廉价
形式——一种模模糊糊又结结巴巴的回忆录形式。

80

看到悲剧人物的毁灭而依然能够大笑，超越对
悲剧人物最深刻的理解、感受和同情——这具有神
性的意义。

81

"毫无疑问，许多人被这项事业的信徒们撒谎欺
骗了：因此在这件事上，一切都是欺骗和谎言"——
浅薄之人如是推论。谁若更深入地认识人，他就会
得出相反的结论："因此在这项事业上有某些真实
的东西：它的信徒们透露出，他们如何感到自己是
安全的，只要能引诱某人加入他们的事业，任何一个
诱饵都让他们感觉良好。"

82

谎言之无辜是对一件事的美好信仰的标志。

83

人们必定看见过一个人睡着了：不然就不会
知道他长什么样。你以为自己认识的朋友的脸，其

实是你的脸，是你在一面不完美的和粗糙的镜子上的脸。

84

这是怎么搞的啊，你们是谄媚一个上帝或者魔鬼呢，还是向一个上帝或者魔鬼哀哭？你们只不过是谄媚者和哀哭者!

85

彻底怯懦的人，通常是十分聪明的，足以学会所谓的可亲可爱。

86

我们行动的后果抓住了我们的脖子，至于我们此间是否得到了"改善"，那是完全无关紧要的。

87

下命令的人也会命令他们的上帝，就像他们认为自己在为之效力一样。

88

或许可以设想一种高度道德的欺骗，在其中，人意识到自己的性欲仅仅是一种生育孩子的责任。

89

他称之为对自己的党派的忠诚: 但只是他的舒适安逸，使他再也离不开这张床。

如果一种德性终于使我们习惯了，那么，人们也应该有一种好趣味，不再称之为德性，而是称之为"趣味"(Geschmack)。

91

有伙伴关系：也可能有友谊！

92

如果同情者失去了对自身的羞耻感，并且对我们说，同情就是德性本身：那么，人们就要同情同情者了。

93

一个高贵的人总是挡在善人的路上：善人们要扫除他，就往往要说，他是善的。

94

在英雄周围一切都变成悲剧；在半神(Halbgott)周围——一切都变成羊人剧[1]。

---

1 羊人剧(Satyrspiel)：古希腊悲剧三部曲演出后，为调剂气氛而演出的轻松的笑剧，因歌队扮装成古希腊神话中的小神"羊人"而得名。——译注

95

残暴乃是一种被替代的、变得更精神性的性感
(Sinnlichkeit)。

96

罪犯被道德的人当作单一行为的附属物来对
待——而且，他们自己也越是这样对待自己，这单一
行为就越是成为他们的本性的例外：这唯一行为的
作用有如母鸡周围的粉笔线。——在道德世界中存
在着很多催眠术。

97

你们将之称为"高级的感受""崇高的信念"：
我只能看到渴望高空的欲念，以及一种道德虚荣的
痉挛。

98

你的脚步表明，你尚未踏上自己的道路，人们
必定会从你脸上看出你想跳舞。舞蹈乃是真理的
证明。

99

"严肃的""严格的""道德的"——这就是你们
对他的称呼。在我看来，他是邪恶的，而且对自己不
公正，随时准备为此惩罚我们，对我们扮演刽子手的

角色——并为我们不允许他这样做而感到恼火。

IOO

"崇高的感觉"！——在高处人们感觉不到高，而在深处，终究是在坚实的地面上才有此感觉：只要人们真正拥有高处之无辜。

IOI

通过要求帮助、一起受苦、服从、放弃个人主张的善良意志，即使微不足道和浅薄不堪的人，也可能成为某种可以为眼睛所容忍的东西：确实，人们不应告诉他们，这种意志乃是"德性本身"。

IO2

现在，道德乃是多余者和意外者的借口，是精神贫弱和力量缺失的不该存活的蠕虫的借口——就此而言，道德就是仁慈：因为它对每个人都说"你可是非常重要的"：这当然是一个谎言。

IO3

"一个心地善良的傻女人高过天才"，这话听起来很乖巧——在天才口中。这是他的礼貌——也是他的聪明。

别人的虚荣心，与我们的虚荣心相背时，就会与我们的趣味背道而驰。

105

人们总是只爱自己的渴望，而不是爱被渴望者。

106

人们很少考虑一个行动的自然后果，只要公开惩罚和侮辱归属于这些后果。这里流淌着全部浅薄状态的大源泉。

107

女人们以自己的爱情冲向那使她们恐惧者：此乃她们的勇气。

108

"一个对我来说还是太多了"——孤独者想。一就是二。

109

我们热爱功利，只是作为我们喜好的马车：而且真正说来，我们发现它的车轮的噪音是难以忍受的。

110

"完全显露出本来样子"：这可能是我们为我们

的朋友保留的奖章——结果是，他因此希望我们见鬼去。

111

虽然人们经常胜任得了自己的行动，但却不能胜任自己做过的行动的意象。

112

德性闪耀的最美色彩是那些缺乏德性的人的发明。例如，善良和同情的天鹅绒般的光彩从何而来？——当然并非来自善人和同情者。

113

在世界历史上，事关宏旨的只是那些大罪犯，包括大量有能力犯下大罪，但由于偶然而没有做的人。

114

"宗教人""傻瓜""天才""罪犯""暴君"——这些烂名字和个别细节替代了某个不可命名的东西。

115

坏良心是好良心之发明对人们征收的税。

116

你想要公正吗？更不幸地，你怎能想给予每个人以他之所有呢？——不，我不想这样。我给予每个人我之所有: 对于一个并非最富裕的人来说, 这就够了。

117

孤独使我们对自己更严厉, 对人们更向往: 在这两方面,孤独可改善性格。

118

人们对自己的上帝最严苛: 上帝不能犯罪!

上帝虚构了怀孕目的论: 他于是发明了女人。

119

"我不再相信任何东西"。——这是一个有创造力的人正确的思想方式。

120

拉罗什富科半途而废: 他否认人类的"善好的"品质——他本应当也否认人类的"恶的"品质。

如果道德怀疑论者到了不信任道德的地步, 那么, 他还有一步要走——那就是, 怀疑自己的不信任。否认与信任——两者彼此援手。

形式上的信仰，内容上的不信仰——这构成这句话的魅力——也即一种道德悖论。

我们从根本上原谅敌人的——失误。

怎么？你意愿认识你自己吗？倒不如学会认识你的幸福！

我想要的愿望无非是愿望：而且总是以一个新愿望来代替实现。

迄今为止人类迷恋的最昂贵的奢侈品，就是对某种不现实的东西的信仰，对无私的信仰。因为它使最现实的东西，即自私失去了价值。——从此以后，一切幸福都是渴望。

深仇大恨也是理想主义者：无论我们把敌人塑造成一个神还是塑造为一个魔鬼，我们都因此为他带来了太多的荣耀。

即使在仇恨中也有嫉妒：我们希望我们的敌人只与自己为敌。

"女人"这个谜团的答案不是爱情，而是怀孕。

我们对他人的相信透露出，我们在哪方面乐意相信自己。

"心灵属于内脏"——拿破仑说。脑袋的内脏位于心灵中。

每一个强烈的期望，如果它比人们预期的来得早，那它就会在自己的实现中存活下来。这位朋友提前两天来了：他的在场令我难以置信。

倘若不是要在获得认识的道路上克服那么多羞耻感，认识的魅力就会变得微不足道。

"为认识而认识"——这是道德设下的最后一个圈套：人们会又一次完全陷入其中。

"所有女人要么是鸟，要么是猫，要么是母牛"——看看她们的脸上表情吧。

什么是最好的生活？痒得要死。

134
认识之树矗立的地方，始终还有天堂。

135
"道德本身乃是第一个罪恶：道德本身就是原罪"——每个认识者都如此认为。

136
他已经学会了表达自己——但人们从此以后再也不相信他了。人们只相信口吃者。

137
我只会信仰一个会跳舞的上帝。

138
悔恨教你咬人。

139
不要相信冷酷之人的愚蠢。

呸，受过教育的乌合之众，他们羞于说："在这里我什么也感觉不到！""在这里我什么都不知道。"

认识者生活在人们中间，并非有如在动物中间，而不如说，他就在动物中间。

140

悲剧性的倾向随着感性或增或减：它属于每个青年和年轻男子。

141

在赞扬中包含的强求和纠缠要比在谴责中多得多。

142

大量求生命的善良意志——而太少求痛苦的意志——这就带来了舒适感。

143

异议、不信任、放浪乃是健康的标志：所有无条件的追求皆归于病理学。

144

谁若感到意志的不自由，他就是有精神病的：谁若否定意志的不自由，他就是愚蠢的。

145

出于爱而做的事不是道德的,而是宗教的。

146

有一种才能是不够的: 人们也必须被许可拥有这种才能。

147

人们要留心带有道德愤怒的人: 他们具有懦弱的、在自身面前掩藏的恶毒之刺。

148

基督教的上帝——它本身就是"爱"——出现在爱还太少神性的时代里。

149

善人与恶人——我不在乎: 但我蔑视怯懦之人和可爱之人。

一个善人的力量不在于他的善好, 而在于他的恶之强大。

150

谁若地地道道是一位老师，他就只有在关涉到自己的学生时才严肃地对待所有的事物——甚至于自身。

151

"起码做我的敌人"：不敢请求友谊的真正敬畏如是说。

如果你没有在任何情况下都首先引发恐惧，那么，没有人会如此严肃地对待你，以至于最终爱上你。

152

对于认识者来说，所有财产权都终止了。

如果善人们进行道德说教，他们就会引起厌恶；如果恶人们进行道德说教，他们就会激起恐惧。

153

在胜利的陶醉之后总会产生一种莫大的失落感：我们的敌人，我们的敌人死了！我们甚至不会如此深切地哀叹一位朋友的丧失——因此也不会声音更大！

154

知识人必须不仅能爱自己的敌人，而且能恨自己的朋友。

155

如果知识人仍然把自己打扮成"道德的人"，那是一种趣味上的错误：人们应该从他身上径直看出一点，即他"不需要"道德。

156

在他那里，一切都成熟而可以收获了：但他没有镰刀——所以他拨掉麦穗，而且恼怒了。

157

这个人出游，是因为他在寻找自己，而那个人出游，是因为他想忘却自己。

158

人们不是通过愤怒杀人，而是通过笑。

159

精神错乱在个体身上是罕见的——而在群体、政党、民族和时代中则是常规： ——而且因此，迄今为止历史学家们都没有谈论精神错乱。但在某个时候,医生们会书写历史。

160

当我们爱时,我们按照我们的上帝的形象造人:然后我们才会彻底仇恨我们的魔鬼。

161

不太可能找到一本书,它像我们做的那本书那样教给我们那样多。

162

谁若了解"读者",他就诚然不再为读者而写作了——而是为自己,也即为作者而写了。

163

在群山中,最近的路程是从顶峰到顶峰:但为此你必须有长腿! ——格言就是顶峰。

164

对某个东西做弥补是不够的,人们也必须对自身做弥补,让自己重新变好,例如,通过一种小小的多余的恶意或者善举。

165

各得其所:这或许就是意愿公正而达到混乱。

在这里，这两个人根本上具有同一种坏趣味：但其中一个想要说服自己，也说服我们相信，这就是最好的。而另一个对自己的趣味感到羞愧，想要说服自己，也说服我们相信他有不同的和更好的趣味——我们的趣味。所有受过教育的市侩庸人都属于这两个种类的一种。

在人们总是自愿承担痛苦的地方，人们因此也有行善的自由意志：还有，谁若否认这一点———[1]

哎，如果是善人，永恒的法利赛人，推动了历史！他们一再为过去的伟人涂上色彩，直到他们看起来像善人一样肥胖和乖巧。

道德自诩为反抗邪恶者———

---

[1] 表示不完整的句子。后同。——译注

168

还有一个世纪的报纸，一切话语都要发臭了。

169

不是在真理肮脏之时，而是在真理变得浅薄的时候，认识者才会不情愿地进入水中。

170

致怀疑论者。——谁若太累了，他最后也会躺在雪地上睡觉——谨防走得太远了。

171

谁若攀〈上〉[1]高山，他就能嘲笑一切悲剧性的姿态。

172

空气稀薄而纯净，危险近在咫尺——精神充满一种快乐的恶意：所以彼此相得益彰。

173

勇气能灭鬼魂，却能创造妖精。

174

自杀的念头是一种非常强大的安慰。人们可借此度过"邪恶之夜"。

1　表示 KSA 编者对文字遗缺部分的补全。后同。——译注

存在着一些情感，它们想要把我们杀死；而如果它们没有如愿以偿，那么，它们本身必将消亡。

不仅我们的理性，还有我们的良心，都屈从于我们最强大的本能，即我们内心的暴君。然而，如果我们在本能中没有这样一个暴君，那么，个别的本能就会同样程度上谋求理性的支持以及良心的支持——：而且，理性与良心几乎是独立自主的。

我们的自杀者使自杀声名狼藉，——而不是相反！

做错比做对更高尚——尤其是当人们是对的的时候。

谎言也可能是认识者的善心和博爱。

诚实者最终会理解一点，即他总是在撒谎。

对许多女性来说，就像用了催眠药一样，智力只是突然间歇地出现的，并且以意想不到的力量出现：进而，精神"越过她们"，表面上并不是从她们身上出来的。因此，她们的三眼聪明指向交织在一起的事物——，因此也包括他们对灵感的信仰。

182

恶人身上有许多东西令我厌恶，但善人身上也有许多东西令我厌恶：而且的确不只是你们的"恶"！

183

"光惩罚罪犯是不够的，我们也还应该使他与我们和解，并且为他祝福：抑或当我们使他受苦时，我们并不爱他？难道〈我们不是〉苦于不得不把他当作恐吓工具来利用吗？"

184

凡在一种友谊完全不想变成爱情的地方，一种天然对立，比如狗与猫之间的，是不是基础性的呢？

185

人们必须报答，无论好事还是坏事：但为什么恰恰是针对那个对我们做好事或者坏事的人呢？

186

惩罚应该具有这样的性质，即人们在一次犯罪后声称惩罚是自己的权利和荣誉。

187

不光那个违背自己的知识而说话的人在撒谎，而且尤其是那个违背自己的无知而说话的人在撒谎。——这第二种谎言是如此通常，以至于人们甚至碰不到它：人类的交际就是据此建立起来的。

188

教育：通常意味着"教人说谎"。

189

谁爱上帝，谁就惩罚上帝。

190

真正公正的人是不可受赠予的：他们归还一切。因此他们对恋人来说是一种引起憎恶者。

191

人们一旦把知识传达出来，就不再足够热爱自己的知识了。

192

想要一块肉的性感荡妇，竟然懂得礼貌地乞求一块精神。

193

诗人们对自己的体验毫无羞耻感；诗人们利用这种体验。

194

无论你背叛自己还是背叛我，你都属于叛徒。致作家们。

. . . .

195

当心这一点：他说话，只是为了事后能听，——而你真正在听，只是因为不能继续说话了：也就是说，你听得不好，他听得很好。

196

我们不想被我们真正的敌人所保护；同样地，我们也不想被我们骨子里深爱的人所保护。

197

不幸的人，你的上帝已经破裂和破碎了，群蛇住在他里面——现在，你竟然依然为他之故而爱这些蛇！

198

毫不掩饰自己的人令人发指。

199

当磁石不能完全把铁块吸到自己那里——但又

吸着时,铁块恨磁石。

200

我们最憎恨的不是阻止我们被爱的东西,而是阻碍我们充分爱的东西。

人们憎恨自己的邻人,因为他未能拥有我们的理想。

201

如果我们厌倦自己,不再能够爱〈自己〉,那么,邻人之爱[1]作为一种疗法是可取的:只要邻人很快会迫使我们去相信我们的"亲切可爱"。

202

"我们的邻人不是我们的邻居"[2]:所有政治家和民众都这么认为。

203

你会毁于这种德性,我的朋友:但是上天给了你第二种德性,它间或会使你不忠于第一种德性。

1　此处"邻人之爱"(Nächstenliebe)一般译为"博爱"。——译注

2　此句中的"邻人"(Nächster)和"邻居"(Nachbar)两词在日常语境里无别。——译注

以对某个人的爱，人们想要跳越对这个人的嫉妒。

我们都假装比我们本身更单纯——甚至对我们自己亦然。

伟大的义务并不让我们感恩，而是使我们生出强烈的报复欲。

当人们想要谈论自己时，就喜欢邀来一个见证人：人们把这事称为"与人打交道"。

如果我们只生活在弱小人物组成的社会里，我们就会习惯于对邪恶的蔑视：在伟大的人身上，邪恶有某种激动人心的东西。

爱的贫乏喜欢把自己伪装成值得爱的东西的匮乏。

借助于爱情，男人寻找无条件的女奴，女人寻找无条件的奴役。爱情是对过去文化和社会的渴望——它指向东方。

能够承受不公的人应当担当不公：人性意愿这样。

分担的不公乃是半拉子的公正。

最毒的箭发送给那个人，他远离一位朋友，而又没有一味冒犯这位朋友。

在一场冲突之后。——"人们可以告诉我，人们想做什么来伤害我：人们对我所知甚少，不知道什么东西最伤害我。"

对一个人的爱是一种野蛮行径，以牺牲所有其他人为代价，是一种对知识的损害。相反，你当爱许多人：——于是爱会迫使你公正地对待每个人：而且因此达到对每个人的认识。对许多人的爱乃是通往知识的道路。

215

冷酷无情的残酷是同情的对立面；多愁善感的残酷是同情的更高权能。

216

我们无缘无故学会相信的东西，是最难用理由来动摇的。

217

谁若天性贞洁，他就不会看重贞洁，除了一些虚荣的傻子。他们的崇拜者是那些有理由希望他们可能贞洁或者曾经贞洁的人——女巫喀耳刻[1]的猪。

218

谁若觉得贞洁很难，他当然也要抵制贞洁。

219

心灵需要。——有发情期的动物不会轻易把自己的心灵与自己的欲望混为一谈：就像人类尤其是女人们做的那样。

220

女人不愿意对自己说，在一个恋人身上，她多么爱"这个男人"（一个男人）：因此，她神化了他身上

1　喀耳刻（Circe）：古希腊神话中的巫术女神、魔女之神。——译注

的"人"——在自己和他人面前。

"自我"(Ich)征服、掠夺、杀戮和进行一切暴力行为：以所有这一切，它无非是想要为自己的怀孕服务：它生育了一位上帝，看到全体人类都在他的脚下。

221
在这个人身上撒谎的不是他的外表，而是他的内心：他完全不愿显现为假象和表面，然而他其实就是这样。

222
认识的英雄崇拜自己的魔鬼：而且在此途中，他要经历异教徒、巫婆、占卜者、怀疑者、智者、灵启者和被征服者的种种状态，最后他淹死在他自己的大海里。

223
如果人们首先具有受苦受难的意志，那么这只是一个步骤，即变成同时也拥有求残暴的意志的一个步骤——而且这既是权利也是义务。

到人们第二次死去，这需要花很长时间：这适用于每一个在死后复活的人。

即便一个民族倒退，它也在追求一个理想：它总是相信一种前进。

贬低自己，让自己被抢劫、被欺骗和被剥削的倾向，简言之就是屈从，可能是人类中间的一个神的耻辱。

谁若作为上帝新创善好，那么，旧善的保护者就总是把他假装为一个魔鬼。

唯有恶习者是不幸福的，在他身上，对恶习的需要与对恶习的厌恶一并滋长——而且从未被恶习所覆盖。

如果人们尚未看到那只手，那只想要以一种温和的方式杀人的手，那么，人们就会把生活看得很糟糕。

决定你现在对自己满意和不满意的，不是你在生活中做了这个那个，而是你对自己所做的事情的想法。

230

一个小小的报复多半是某种比根本不加报复更加人性的东西。

231

谁若蔑视自己，他就总还以他现在至少没有欺骗自己这样一个想法来尊重自己。

232

朋友，你所爱的一切都让你失望了：失望终于成了你的习惯：而你最后的爱，你所谓的"真理之爱"，也许正是对失望的爱。

无能于说谎绝对不是真理之爱。而毋宁说，每一种爱中都有撒谎能力——甚至在真理之爱中亦然。

233

他摇晃着，环顾四周，用手抚摸脑袋——人们总是称他为一个有识之士。但免于发烧还不是知识呀。

234

"哪里有一片还真正能淹死人的大海呢？也就是一个人！"——这种叫声响彻我们的时代。

拥有真理并不可怕，而倒是像任何一种拥有一样无聊。

235

傲慢者与软弱者在恶意中相遇：但他们却相互误解。

236

谁若具有一种对崇高的厌恶，他就会发现，不但肯定（das Ja），而且否定（das Nein），都已经太悲哀了：——他不属于否定性的精神，如果他上了后者的道路，他就会突然停下来并且逃跑——进入怀疑的灌木丛。

237

在斗争中，人们可能会献出自己的生命；但胜利者却企图抛弃自己的生命。在每一次胜利中都包含着对生命的蔑视。

238

"我不逃避人类的亲近: 正是距离, 人与人之间的永恒距离, 驱使我进入孤独。"

对某物的不可抑制的需要, 还有对某物的厌恶——这构成有恶习者的情感。
· · · · · · ·

239

与所有女人一样, 真理也要求它的爱好者为了它的缘故而成为说谎者, ——但并非它的虚荣要求这样, 而是它的残暴。

240

"我做了这个", 我的记忆说; "我不能这样做的", 我的骄傲说, 并且保持着无情姿态。终于, 记忆让步了——

241

冷眼看待事物, 使它们赤裸裸地躺在那里, 没有绒毛和色彩, ——这被叫作"真理之爱", 而这只不过是撒谎之无能。

242

发烧者只看见事物的鬼影，不发烧者只看见事物的阴影，两者需要相同的话语。

243

"我倾听回声——我只听到了赞美"。

244

发现爱的回应其实应当让我们对所爱的人保持清醒：怎么会如此愚蠢地相信你？

245

"人们必须爱什么，为什么人们必须总是同时又仇恨之？难道爱不是最大的折磨吗？"所以，人类是必须被克服的。

246

你看到了黑人在忍受他严重的内部疾病时的迟钝的冷漠了，而你几乎会被这种疾病逼得绝望：这种情况使你认为，除上万种精神之外，总的来说在人类中少有痛苦。

247

"当我看到自己在下面时——作为其他生灵当中的一员——我的幸福便开始了。"

248

我们的时代是一个激动的时代，恰恰因此不是一个激情的时代；它持续不断地升温，因为它感觉不暖和——它基本上是冰冻的。我不相信你们谈论的所有这些"伟大事件"的伟大。

249

认识者感觉自己是上帝的野兽化身[1]。

250

现在这才是使事件"轰动"的回声——报纸的回声。

251

可怜的艺术家！神经质的乌合之众向你们要求什么呢？他们不想被建造起来，而是想被推翻！

252

造就高等人的，不是崇高感觉的强度，而是崇高感觉的延续：他们不应该与道德痉挛的人混为一谈！

253

再一次。——对自己和朋友诚实，对敌人勇敢，

1　"野兽化身"原文为 Thierwerdung Gottes。——译注

对失败者宽宏大量，对所有人都彬彬有礼。

254

没有自己的意志的人，他至少意愿更好地知道一切。

255

起初是畜群和畜群本能；自身（das Selbst）被感受为畜群的特例、荒唐、疯狂。

256

作为天文学家的智者。——只要你还觉得星星是"在你之上"的东西，你就依然缺乏认识的眼光：对于认识来说，不再有什么"在上"和"在下"一说。

257

人们可能与某人如此相近，以至于他看到了某人实际做的和遭受的一切，就是他在梦中所做的和遭受的：因为人们自己就会做和遭受这一切。

258

人们如果有性格，就也会有自己一再出现的典型体验。

人类分为有能力做出可怕行为的人与没能力做出可怕行为的人。

259

这是一些根本不同的人：这些人在自己情感退潮时（在友谊或者爱情中）感到羞怯，那些人则羞于自己的涨潮。

恰恰因为两个恋人中一方的激情超越其顶点而开始下降，另一方的激情才比他在通常情况下更长久地向上提升起来：更长久的恋人的曲线。

260

某人属于善人或者恶人，这根本不取决于他的行为，——而是取决于他对这些行为的看法。

261

如果自私变得更大、更聪明、更微妙、更具创造力了，那么，世界看起来就"更无私"。

262

谁若能够强烈地感受到思想者的眼睛，他就会有那种可怕的印象，那些眼睛像一根茎一样慢慢地从头顶伸出来、并环顾四周的动物留下来的可怕的印象。

263

连圣徒也需要道德之毁灭：这样他才能为所
欲为。

264

谁实现了自己的理想，他恰恰因此就超——
越——了它。

265

一个天才之人要不是至少还有两样东西，即感
恩和清洁，那他就是不可忍受的。

266

爱所给予的东西，人们不要想回馈和回报：在
爱的海洋中，所有回报本能都会被淹没。

267

你们意愿如何对我公正呢？——圣徒说。我选
择你们的不公作为我应得的份额。

268

崇高之人在看到崇高时会变得自由、坚定、宽
广、安静、明快：而看到完满的美会使他感到震撼，
并使他倾倒：面对这种美，他会否定自己。

269

在崇高中不自在的人会觉得，崇高是某种阴森

的和虚假的东西。

270

在众目睽睽之下，有些孔雀将孔雀尾巴隐藏起来：而且把这事称为"骄傲"。

271

奇怪！一旦我想对自己隐瞒一个念头，避开一个念头，这个念头肯定会以具身的形态——作为人——出现在我面前，现在我必须礼貌地对待这个"上帝的天使"！

272

在有人受到诅咒的地方进行祝福，这是不人道的。倒宁可一起作点诅咒！

273

我看到一些真理获胜，但总是通过百种谬误的善意支持。

274

当怀疑与渴望结合时，神秘主义就出现了。

谁的思想哪怕只有一次跨过神秘主义之桥，他的所有想法都会被打上烙印，无法逃脱。

一个人的性欲强度和方式直抵其精神的终极
高度。

人们想用自己的原则来压制自己的习惯，或者
为之辩护，或者尊重之，或者侮辱之，或者隐瞒之。
因此，具有相同原则的人们可能会想要某种完全不
同的东西。

意志——这是一个再也不能为我说明任何东西
的假定。对于认识者来说，没有什么意志。

颠倒的拉罗什富科始终还付诸阙如：他向我们
展示，善人们的虚荣和自私如何搞得某些人类品质
名誉扫地，最终使之变成邪恶的和有害的。

不要以德报怨：因为这将是可耻的；而倒是要
证明，人们为你做了某种好事。

在所有赞美中都有某种恐惧以及对我们自身的
逃避——是的，有时甚至是自身否弃、自身否定。

蔑视自己的人可能会考量，自己不仅是被蔑视者，也是蔑视者：所以他可以把自己当作蔑视者来尊重。

如果你知道自己在做什么，你就有福了。但如果你不知道，你就会被诅咒，成为一个违法的罪人——耶稣对一个违反安息日的人说——这是一个对所有违法者和罪犯的说法。

我们突然爆发的对自己的厌恶也可能是一种精致趣味——作为一种被败坏的趣味——的结果。

"求真理的意志[1]"！让我们不要再这么单纯和夸大其词了！我们意愿使世界变成可设想的，如果可能的话，使世界变成可见的——是的，使之可见！——所有物理学都以"使之可见"为目的。

意志和理智 (或者就像人们所说的，心与

1　或译为"求真意志"。——译注

脑）——就是男人与女人；他们之间的关键问题始终是爱情、怀孕、生育。要注意的是，在这里心是男人，脑是女人！

286

他是孤独的，除了自己的思想一无所有：怪不得他经常对她温柔和戏弄，拉她的耳朵！——但你们这些蠢货却说他是一个怀疑论者。

287

"上帝对人类的爱就是他的地狱"——魔鬼说过。"但人们怎能也爱上人类呵！"

288

当我们不断地练习容忍形形色色的人类同胞时，我们会不知不觉地练习容忍自己：真正说来，这是人类最难以理解的成就。

289

悬在人类头顶上的利剑并不是人类利己主义的强度，而是相反，是这种利己主义的虚弱，由于这种虚弱，人类竟太容易厌倦自己。

290

在和平环境中，好战的人会袭击自己——因为没有其他敌人。

291

创造：这意味着从我们身上放出某种东西，让我们更空虚、更贫穷、更亲切。当上帝创造世界时，其时他只无非是一个空洞的概念——以及对受造物的爱。

292

"这是孤岛之岛。一切生成、漫游、寻求、逃逸的东西，在我这里都会受到欢迎！现在，好客是我唯一的友谊！我爱一切生成者！"

293

对生命的热爱几乎是对长命的热爱的对立面。所有的爱都想着瞬间和永恒——但从不想着"长度"。

294

"我的爱激发恐惧，它是如此苛求！要是不相信我所爱的人注定要做某种不朽之事，我就不能爱。他猜到我相信什么——我要求什么！"

295

认识者回避自身认识，让自己根植于大地。

296

语言中最容易理解的不是词语本身，而是一系列词借以说出来的语调、力度、转调、节奏——简言之，词语背后的音乐，这种音乐背后的激情，这种激情背后的人：也就是一切不能被写下来的东西。所以这与写作无关。

297

行走与步态。我已经学会了行走：此后我要让自己跑起来。

298

自由的精神。谁若能飞翔，他就明白，他必须不用推动就能飞走；正如你们所有牢固的精神，都必须有推动才能完全"离开"。

299

以不道德为耻：这是路上的一个阶段，在这条路的终点，人也以自己的道德为耻。

300

人们从心底里持久地只爱自己的孩子，或者作品：而爱自己始终是一种症状。

301

许多本性是人们永远发现不了的，除非人们先把它们发明出来。

302

"与人打交道是败坏品性的，特别是当人们毫无品性时"——泰门[1]说。

303

"你不了解女〈人〉：但何以你有时关于女人的说法是对的？"——在女〈人〉那儿没有什么事情是不可能的。

304

自私自利依然普遍缺失。

305

谁用格言写作，他就不愿被人阅读，而是要被人背诵的。

306

甚至在已经满足了他们的欲望（食物、女人、财产、荣誉、权力）时，大多数人还是作为群畜而不是作为个人[2]在行动——即使他们是个人。

307

对我来说一切都是最好的结果：谁想成为我的命运？我爱每一种命运。

---

1 泰门(Timon, 公元前320？—前230年？): 古希腊哲学家。——译注
2 此处"个人"(Person)或译"人格"。——译注

308

尽管如此，最伟大事件的时代都将是影响最小的时代——如果人是由橡胶制成的而且太有弹性。

309

"在每一次行动前，令我头疼的都是，我只是一个掷骰子的赌徒——我再也不知道意志自由了。而每一次行动后，令我头疼的都是，骰子现在落在我这边：莫非我是一个奸诈的赌徒么？"——一位认识者的疑虑。

310

伴随着报复，人们也会必定会失去感恩之心，而不是忘掉爱。

311

爱之意愿透露出自身疲倦和自我满足，而被爱的意愿却透露出自身渴望、自身渴求。爱人把自己赠送出去；意愿被爱的人则想要自己被赠予。

312

人们用来为犯罪之惩罚做出辩护的理由，也可以用来为犯罪辩护。

313

男人的成熟：意味着重新发现人们作为儿童在

游戏时所拥有的严肃性。

"她望着上空,我望着她"[1],但丁。我在她里面!

314

我现在才是寂寞的:我渴望人类,我一直在寻找人类——我总是只找到了我自己——我再也不渴望我自己了!

小人们不能作恶:因此他们既不能成为善人,也不能成为恶人。(但善是一种缩小了的恶吗?)

意愿某事并且执行之:被认为是坚强性格的标志。但是,甚至不意愿某事却又要执行之,这是最强大者所特有的,他们觉得自己是已成肉身的命运。

谁若始终保持为小孩,他因此也仍然是无辜的利己主义者,对于"有罪的"利己主义者来说,他们比一个嫉妒和仇恨对象更受憎恨。

1　原文为意大利文:"Ella guardava suso, ed io in lei"(但丁《神曲·天堂篇》II. 22)。——译注

315

我爱人类：尤其是当我反抗这种冲动时。

316

在女人感到必须服从和服侍的地方，她试图去爱：这是她的绝招，为的是更轻松地戴上枷锁。

317

"爱我吧！"——一个以此方式对人说话的神已经发疯了——出于妒忌。

318

当人们低估时就不会仇恨，相反，只有当人们等估和高估时才会心生恨意。

319

一想到突然受到惊吓，人们就会不寒而栗。

320

并不是罪犯的罪行，而是他犯罪之后的怯懦和愚蠢，让我们对罪犯产生了完全轻蔑的想法。

321

只有当恶与卑贱和可憎相混淆时，恶才会声名狼藉。在此之前，恶会吸引并且刺激人们的模仿。

322

作为性欲需求的一种更具精神性的释放，宗教对于被习俗和羞耻禁止了性冲动之满足的女性来说是某种不可替代的东西。

<323>

我对人类的爱有起有落：每个个别的被爱的人都只是这种爱的偶然原因。认识到这一点，是令人郁闷的。

324

出于慈善之心，人们有时会拥抱一个个体，因为人们无法拥抱所有人：但人们不能向个体透露这一点！

善就是小小的恶：因此小人们是很容易成为善人的。

325

人们爱邻人，总是以疏远者为代价。

"越虚弱的人越善好"——我们的道德说教者说。

虚弱的人说"我必须"，强壮的人说"它必须"。

女人的犯罪率比男人低十倍——因此女人在道德上要好十倍: 统计数据表明。

326

利己主义的无辜是小孩所特有的: 如果你们没有变得像小孩们一样, 你们就永远不会进入这个天国。

327

人们应该与生命分离, 就像奥德修斯离开娜乌西卡[1]一样——祝福甚于爱情。

328

人们可能为自己的邻人而行动, 但人们并不为了他而创造: 一切创造者的诚实都如是说。

329

对疏远者、未来者的爱高于对邻人的爱: 对事物的爱高于所有对人格的爱。

1　娜乌西卡(Nausicaa): 古希腊神话里派阿基亚公主, 相传她爱上了英雄奥德修斯, 后来终身未嫁, 在希腊各地游吟传唱英雄奥德修斯的故事, 成为第一个女性游吟诗人。曾在荷马史诗《奥德赛》第六章中出场。——译注

330

我想说"仇敌"而不说"罪犯"：我想说"毒虫"而不说"流氓"；我想说"傻瓜"而不说"罪人"。

331

阻止所有懦夫繁殖：这应该是女人的道德。

332

并非人类——而是孤独者所爱的那个人：而且，当这种人之爱在他身上积聚和阻塞时，它就会像一条河流冲过任何一个他能想到的人——无论是敌人还是朋友。

333

你说"我爱自己""我鄙视自己""我为自己感到难过"——我的朋友和无神论者，我不想与你的"自我"发生争辩，但你的自我¹与任何一个神一样是被虚构和发明的——你也必须否认之。

334

假如人们天生敏感而富有同情心，——也就是说，人们缺乏灵魂的骄傲和高贵，那么，把对邻人的

1　此处"自我"(Mich) 是前句中的"自我"(Ich) 的第四格（宾格）。——译注

同情和温柔算作道德（甚或视为道德本身），乃是虚荣的标志。

对于那些不是根据自己的经验来认识的人们来说，同情之崇拜是有伤风化的。
· · · · ·

335

如果人们训练自己的良心，它就会在咬人的同时亲吻我们。

336

道德是人类在自然面前的浮夸。

337

"也许一个魔鬼发明道德，是要通过骄傲来折磨人类：第二个魔鬼有一天从人类身上夺走道德，是要通过自我蔑视来折磨人类。"

338

"没有人类，因为不曾有过第一个人类"：动物如此推断。

339

优越者的亲密令人恼火，因为这种亲密无法回报。相反，建议他要有礼貌，亦即那种持续不断的假象,仿佛他有某种东西要尊重。

340

我不明白,人们何以必须诽谤。如果人们想伤害某个人,人们其实只需要说出某种关于他的真相。

341

我们对每个人总是了解得过多了些。

342

我们只赞美合乎我们趣味的东西——也就是说,当我们赞美时,我们始终只是赞美我们的趣味——哪怕这违背了所有的好趣味。

343

只有人类才能抵抗万有引力的方向:他想不断地往上——掉下来。

344

我的感情的梯子很长,我不介意坐在最低的台阶上,恰恰是因为我经常必须长久地坐在最高的台阶上:那里刮起猛烈的风,光线往往太明亮。

345

妒忌乃最聪明的激情,不过更是最大的愚蠢。

346

在妒忌之火焰中,人们就会像蝎子一样,以毒刺蜇自己——但却没有蝎子的效果。

347

让我大为震惊的,不是你对我撒谎,而是我不再相信你。

348

我应该原谅吗? 但我不会责备你所责备的事情: 所以,我怎么可能原谅你呢?

349

多谈论自己,这也是一种隐藏自己的手段。

350

宽恕你的敌人比宽恕你的朋友更容易。

351

对恶的仇恨是法利赛人用来掩饰他个人的厌恶的外衣。

在女人那里,音乐乃是一种性感形式。

女人要比男人性感得多, 恰恰是因为她们对肉欲本身的意识远不如男人。

352

在今天的音乐中，有一种宗教与性感的响亮统一：因此在音乐中，女人比以往任何时候都要多。

我与我自己[1]永远是两个不同的人格。

353

自从我看到暴风雨中的大海与它上方一片纯净而明亮的天空，我就不再喜欢所有没有阳光、乌云密布的激情，它们除了闪电就不知道其他的光明了。

354

所有成功人士都精通那种艰难的艺术，即适时地——走开。

人们用精神来取悦人：但人们因自己吞下的精神而害怕。在你喜欢的瞬间，思量一下瞬间是多么切近，在你———

---

[1] 此处"我"（Ich）为第一格（主格），"我自己"（Mich）为第四格（宾格）。——译注

355

不是他们的博爱,而是他们的博爱之无能,阻止今天的基督徒,使之没有为异端架起火堆。

356

如你们所言,你们相信宗教的必然性?诚实些吧!你们其实只相信警察的必然性,而且为了自己的金钱和安宁而害怕强盗和小偷!

357

每当有好机会给人带来痛苦时,人们会变得多么道德和崇高啊!

358

服从中的高贵,强制和法律之下的自由,对奴隶汹涌澎湃的欲望的蔑视:这些乃是头等"人"的标志。

359

历史上所有伟人中的十二分之十一只不过是某件大事的代表。

迄今为止,人类的目光太迟钝了,无法认识到最强势的人乃是大戏子。

360

只有当人们同时也是其德性的戏子时，人们才能在有生之年成名。

361

"我不喜欢他。"——为什么？——"我不是他的对手。"——可曾有人这样回答过吗？

362

即使人们对人有饥渴感，他首先也要寻找合适的食物，哪怕它只是有一点营养：就像土豆。

364[1]

反抗乃是最高贵的奴隶姿态。

365

当人们感到味道最佳时，就必须停止进食了——此即那些长久受宠爱的女人们的秘密。

366

没有意识到自己在表演的伟大人物扮演者，看上去好像真正伟大的人物，甚至比他们更先拥有——光辉。

1　在手稿中尼采跳过了序号363。——译注

367

你去女人那里吗？别忘了带上鞭子!

在如何尊重和尊重什么的问题上，人们总是在自己周围拉开一种距离。

368

让我感到不安的，不是他白天对我的所作所为和对我的看法：而是我晚上出现在他的梦里——这让我感到恐惧。

369

借助于音乐，情绪可尽情享受。

370

对坚强人物的考验在于，一旦做出了决定，即使是最好的反对理由他也不接受：也就是一种周期性的疯狂。

371

"什么是自由？——你们的好良心"——第七位智者佩里安德[1]说。

---

1 佩里安德(Periander，约前640—约前560年)：科林斯僭主、暴君；古希腊政治家、哲学家，"古希腊七贤"之一。——译注

"我可以做这个这个或那个，一切都会是启发性的，特别是当它让我失败并且让我陷入困境时"——这就是自由精神、认识爱好者的想法和说法：当人们指责他意愿软弱和非理性时，他就会嘲笑之。

372

我可曾有过一种良心的谴责吗？——对于这个疑问，我的记忆是默然的。

373

道德是一种前科学的形式，即让我们甘心接受对我们的情绪和状态的说明的前科学形式。道德与以前的共同感情的病理学有关，就像炼金术之于化学。

374

根本没有什么道德现象；而只有一种关于某些现象的道德诠释(——一种错误的诠释!)

375

罪犯通常不能应对自己的行为，他废除和诽谤之。

376

"宁可躺在床上，感觉病了，也不要非得做某事"——所有自我折磨者都根据这个隐秘原理生活。

377

我与他人相一致，这种感觉使我很容易怀疑我们的一致之处。

378

对于认识者来说，pia fraus [虔诚的欺诈] 比 impia fraus [不虔诚的欺诈] 更违背趣味。

379

人们可要当心 sancta simplicitas [神圣的单纯]：正是它为所有的火堆堆放了木头。

380

从前，宗教的说明取代了自然科学的说明：甚至现在，道德的说明也取代了生理学的说明。[1]谁想得少，学得少，他就会把一切都推回到道德上，诸如他因天气、消化不良、贫血而引起的不愉快，他对排空或替代的需要，他的失败、疲倦、不满、不安全感。

381

如果你想把你在思想中做过的一切事高声说出来：那么人人都会高呼："除却这种可恶的毒虫吧！

1　此句中的"说明"原文为 Erklärung，在尼采这里特指科学的"因果说明"。——译注

它玷污了大地"——而且人人都会忘掉,他在自己的思想中已经做过了完全相同的事情。——坦诚使我们变得如此有道德。

从生理学上讲,道德观念表达了弱者对强者的同化本能。

382

"我爱她,因此我希望她爱——但为什么恰恰是我? 我不够爱我自己"——来自男人的神性之爱如是说。

你想要蛊惑他吗? 那就尴尬地站到他面前吧。

383

对爱的回应的渴望乃是虚荣和性感。

384

怀疑自己的人意愿被爱多于爱,以便一度——至少在某个瞬间——能够相信自己。

一个爱的上帝不值得被爱: 他宁愿被仇恨。

385

对超人的爱是对人的同情的疗救手段：人类将很快毁于这种同情。

386

人间多一些同情，生命的绝望就会站在门口。

387

"爱你的邻人"——也就是说，最重要的是："放开你的邻人！"——而恰恰这部分德性是最难的！

388

小痛苦使我们缩小，大痛苦把我们放大。所以，要承受大痛苦的意志可能是一个自私的要求。

389

宁要邪恶的社会，也不要渺小的社会！¹

390

一件迷人的作品！但它的创造者总是提醒我们这是他的作品，这是多么令人讨厌。难道他不知道"父亲"始终是一个滑稽的人吗？

391

许多小幸福给我们带来了许多小痛苦：由此败

1　此句中的"社会"（Gesellschaft）似也可译为"社交"。——译注

坏了性格。

392

人们只应像病人使用床一样，利用一切惬意之事：为了康复。

393

人们不相信非常聪明的人的尴尬。

394

"我命中注定看而不是去信；一切虔信者对我来说都是某种陌生和嘈杂的东西。"

395

有一种善的放纵，看起来就像邪恶。恰恰当我们的骄傲受到了伤害时，我们的虚荣心是最难被伤害的。

396

这两个女人，过去和将来，现在发出这样一种噪音，以至于当前会从她们面前逃之夭夭。

397

把"我喜欢"变成"你应该"，把习惯变成德性，把习俗变成德性：这是一种精细的、陈旧的、古老的伪币铸造——我今天仍然能理解之。

398

对多数人来说，"你应该"比"我意愿"听起来更令人愉快：畜群本能始终还停留在他们耳畔。

399

在某种有病的状态下，吝啬是人之常情。吝啬是一种情绪。对我来说，你们太喜欢精神的清醒了：即使这种吝啬也是一种疾病。

400

我们变得疑心重重，并不是因为我们找到了怀疑的理由，而不如说，当我们变得疑心重重时，"我们总是找到某个理由"来怀疑。

401

情形可能是，当一个人将自己的情绪发泄在他人身上，一般伤害比一个人把情绪发泄在自己身上时要少：对于有创造力的人来说尤其如此，这种人的用处是深远的。

402

倘若人们没有自己那些小小的邪恶念头，那就苦了！他们有多少快乐，他们避开了多少痛苦行为！

403

人类始终比任何一种猿类都更像猿类。

404

激励人心的是心灵：使人在危险中变得勇敢和冷酷的是精神。哦,关于语言!

405

怎么? 一个大男人吗? 我在他身上看到的只是有自己理想的演员。

在小偷、强盗、高利贷者和投机者那里,自私根本上是要求不高和足够谦逊的：人们其实只想要别人的钱,不会轻易想要更多的东西了。

406

浮士德,知识的悲剧? 真的吗? 我嘲笑浮士德。

407

最高的悲剧动机一直未被利用：诗人们对 100 场良心悲剧的经验一无所知。

408

人们谈论情绪的原因,意思是指情绪的时机。

他为自己的认识牺牲了人，并且对这种对自身的残暴行为感到无比骄傲。

对认识者来说，同情几乎是一件可笑的事，就像某个巨人身上的娇嫩皮肤。

漫长而巨大的肉体痛苦培养出暴君。

人们必须既同情又残忍，才可能成为两者之一。

不少想要驱赶魔鬼的人自己钻进了猪群里。

"赞美者"通常摆出的姿势就好像他在回馈：实际上他是想获得赠予。

在情绪中揭示自身的不是人，而是他的情绪。

我们的眼睛比我们的耳朵听得更灵敏：我们在阅读时比在倾听时会更好地理解和品味——在阅读书本和倾听音乐时。

416

纳妾是被——婚姻腐败掉的。

417

基督教毒化了爱神[1]：爱神虽然没有死于基督教，但蜕化为"恶习"了。

充满激情，但又冷酷无情，善于演戏：希腊人就是这样，甚至希腊哲学家亦然，比如柏拉图。

418

只有在冷酷无情的人那里，才有真正的亲密性，而且这几乎是一件可耻之事。

419

原本有一点嫉妒——然后是一种大爱？这是由火柴摩擦引起的一次爆炸。

420

倘若音乐女神想要用文字而不是用音调说话，那我们就会捂住耳朵。

---

1 爱神（Eros）：又译为"厄洛斯"。厄洛斯被赫西俄德认为是世界之初创造万物的基本动力，是一切爱欲和情欲的象征；但在柏拉图之后被认为是爱神阿佛洛狄忒的儿子，一个手持弓箭的美少年。——译注

421

因一种赞美而欢喜,在一些人那里是虚荣,在另一些人那里则是心灵礼节的标志。

422

用舌头说谎,用嘴巴说真话——相面师就是这样产生的。

423

性欲催生爱情,使得根基一直虚弱不堪,整株植物容易被拔起。

424

在一些人身上有一种对他们的仇敌的深刻需要:不过在此仇敌那里,同样也第一眼就生仇恨。

425

我的眼睛看见别人的理想,这种景象常常令我心醉神迷:但你们这些短视者却以为那是我的理想!

426

所有社会的道德都主张,孤独是一种罪过。

427

几乎在每个生命体内都有一种寄生虫。

428

如果我们必须改变关于一个人的观念，我们就要严厉地把他给我们造成的不便算在他头上。

429

平易以近人，是不带丝毫对人类的憎恨，但恰恰在这里有太多对人类的蔑视。

430

如果有人永远只做"弟子"，他就没有好好报答他的老师。

431

就像一棵树：它越是想长到高处和光明处，它的根就越是力求朝相反的方向：向内，向下，进入幽暗、深处、广处——就像人们所说的，深入到"恶"里去。

432

你们称之为上帝的自我分解：但这只是它的蜕皮：——它脱掉了自己的道德皮囊！你们很快又会见到它，超越善与恶。

433

一个民族乃是自然的弯路，通向五六位伟大的男人。

434

在爱国节庆中，甚至连观众也是戏子。

435

甚至丑陋之物也有自己丑陋的盛装：它被叫作"崇高"。

436

什么是好的？——"漂亮而又动人的东西就是好的"——一个小姑娘答道。

如果上帝是爱的上帝，那么，良心之痛[1]就必定是上帝之痛，因此必定是一种来自爱的痛苦。

437

勇敢地，无忧地，嘲讽地，甚至有些强暴地：智慧意愿我们如此：智慧乃是一个女人，而且——始终只爱着一个战士。

438

有许多士兵但少有男人！有许多制服而更多得

---

1 此处"良心之痛"（Gewissensbiß）也可译为"良心的谴责"或"悔恨"。——译注

多的是一式一样[1]。

439

"收获的季节又过去了：风吹过空旷的田野，现在，即使最幸福的收获在我看来也是一种巨大的损失"——每个有创造力的人都有此感受。

440

真正的男人想要两件东西：危险与游戏。因此他想要女人，作为最危险的游戏玩具。

441

女人的使命在于，去发现和抚养男人心中的孩子。

442

人们想要女性解放，却只能实现对男人的阉割。

443

男人当被教育成用来战争的，女人当被教育成用于战士的休养：其他一切皆愚蠢。

444

"学者"一词既表示精神的战士，也表示——很遗憾——精神的织袜工。

---

[1] 注意此句中的"制服"(Uniform)与"一式一样"(Uniformität)之间的字面和意义联系。——译注

没有比学者更悲惨的圈子了：除了在身体和思想上都有军事欲望的少数人。

男人太少了：所以女人们男性化了。

445

这是一个妙想，当上帝想成为作家时去学了希腊语；同样奇妙的是，上帝没有学得更好些！

这位思想者比冰还冷，因此人们在他身上烫伤了手指，很容易认为它在发热。

1882年11月至1883年2月箴言*

1

生命意志吗？不，取而代之，我总是仅仅发现了权力意志。

2

对一件事情的持续热情，即使是最高的事情，本己之事，也像一切基于无条件信仰的事物一样，透露出一种精神高贵的缺失：因为精神高贵的标志永远是——冷酷的目光。

3

所有不再能够与他们所爱之人为敌的人，我认为都是有害的：他们因此败坏了最好的物和人。

4

有这样一些人，他们想强迫每个人对他们的整个人格做出肯定或否定的评价：卢梭就是其中之一：他们的自大狂症源于他们对自己的疯狂怀疑。

5

如果想要重新成为孩子，也就必须克服自己的青春。

6

人们有意地把自己不可理解的本能理性化了：有如杀人犯所做的那样，后者为自己真正的倾向，即谋杀倾向,在自己的理性面前辩护,说他当时是决定要做一次抢劫或者来一次报复。

7

所有道德迄今为止已经允诺并且还会允诺的快乐——也就是迄今为止道德已经获得的快乐——就在于,它赋予每个人一种赞美和谴责的权利,无需长久的审查。谁能在没有赞美和谴责的情况下忍受生活啊!

8

此乃道德悲观主义者的困难所在:倘若他们当真想要支持他们的邻人得救,那他们就必须决定败坏他对此在 (Dasein) 的兴趣, 也就是成为他的厄运;出于同情,他们必须——变成凶恶的!

倘若生命真的不值得肯定,那么,道德之人恰恰就会通过他的自我克制和乐于助人,去虐待他的邻人, ——为了他最个人化的利益。

9

我想知道,从任何一个方向考虑,你是不是一个创造之人或者一个实施之人:作为创造者,你属于自由之人，作为实施者，你是他们的奴隶和工具。

10

尽可能多，尽可能快：这就是精神大病和情感大病想要的，后者有时被称为"当代"有时被称为"教育"，但实际上乃是消耗性疾病的征兆。

11

女人和天才不工作。女人是迄今为止人类最高的奢侈品。在我们尽最大努力的全部时刻，我们都不工作。工作只是达到这些时刻的一个手段。

12

不是对我们厌恶的事情，而是对我们根本不关心的事情，我们最不公平。

13

如同我们哪怕只是超越人类善良的平庸一步，我们的行动也会引起怀疑。德性位"于中间"。

14

你们说"我们喜欢这个"，并且以为在赞美我。哦，你们这些傻瓜！我因此多么喜欢你们！

15

一切写下来的东西当中，我只爱人们用自己的血写成的东西。在这点上，我爱这本书。

人们不必为自己的各种情绪感到羞耻，它们太不理性了。

16

对于一个多为自己的理性所累的人来说，情绪乃是一种休养；也即作为一种非理性。

17

这个世纪喜欢把一种对于不成熟、精神萎靡和谦恭的民间—女性的品味判给最有灵性的男人，也即浮士德对于格雷琴[1]的品味——这就证明了这个世纪及其最有灵性的男人的品味。

18

够糟糕的了！婚姻的时间要比爱的时间早得多：后者被认为是男人和女人成熟的见证。

19

当一个女人攻击一个男人时，她只是为了保护自己免受一个女人的伤害。当一个男人和一个女人结成友情时，她就会以为，他这样做，是因为他再也

1　格雷琴 (Gretchen)：这里指歌德诗剧《浮士德》中被浮士德诱惑的恋人，在剧中格雷琴与玛格丽特 (Margarete) 两个名字是互换的。——译注

得不到她了。

20

不让别人付出代价，就不可能受苦；每一声哀叹都包含着复仇。

21

我的兄弟姐妹们，不要对我这么温柔！我们都是非常有韧性的驴子，诚然不是颤抖的玫瑰花蕾，对它来说，一颗露水就不堪重负了！

22

生命是难以承受的：然而何以人们不得不上午顽固不化而下午谦恭有加呢？

23

我很惊讶：我的饥饿感往往只在饭后出现。

24

一种理论是可反驳的，这当然不是它最不吸引人的地方。

25

这些立宪国王被赋予了德性——他们不能再"做错事"——但他们的权力却被剥夺了。

26

如果人们有幸保持默默无闻，那么他也应当获得黑暗给予的自由,尤其是"好好八卦"的自由。

27

为了把自己的愚蠢的不适后果真正归咎于自己的愚蠢,而不是归咎于自己的性格——这需要有比大多数人更丰富的性格。

28

知识人有一种与搓绳者一道的命运:他把绳子拉得越来越长,而同时自己总是——往后退。

29

对我来说最糟糕的事情并不是落入他的手中:而是落入他的思想中。

30

体验很多:共历许多过去的东西;将自己和他人的许多经验作为整体来体验:这就是最高的人;我称之为"哼唱"。

31

在你的思想和感情背后,站着你的身体和你身体中的自身:terra incognita [未知的领域]。你何以具有这种思想和感情呢?你身体中的自身(Selbst)以此意愿某物。

32

为了需要制动器，首先需要轮子。善人就是制动器：他们遏制，他们保存。

<33>

市侩气违背我的趣味。

<34>

三百年后获得闪耀——这是我的荣誉欲。

<35>

我喜欢音乐吗？我不知道：我也太过经常地厌恶音乐。然则音乐爱我，而且一旦有人弃我而去，音乐就会跳进来，想要被爱。

<36>

他们不爱我：这是不祝福他们的理由吗？

37

"看哪！世界刚刚才变得完美"：这是每个女人出于全部的爱而顺从时的想法。

38

人们应当爱护恶，有如人们应当爱护森林一样。的确，由于森林的稀疏化和砍伐，地球变热了——

39

对蚊子和跳蚤不应该有同情心。正确的做法是绞死小偷、小诽谤者和污蔑者。

40

人们不能用一个词语把可鄙的人与可怕的人连接起来。

41

恶和伟大的情绪震撼我们，推翻我们身上的一切腐朽和渺小：你们必须首先尝试，看看你们是否能成为伟大的。

42

我们的体贴感使我们处于伪装之中，使我们如此沮丧，让我们自由地说："我喜欢这样——我还在乎什么原因！"

43

涉及到大多数真相，女人们有一种感觉，好像有人想窥探她们的皮肤。

44

除了我们的判断能力之外，我们也还拥有关于自己的判断能力的看法。

45

你没有勇气焚烧自己，把自己变成灰烬：那么你就永远不会变成新的，永远不会再度年轻！

46

婚姻是为普通人构想的，他们既无大爱情，也无能于大友情，大多数人就是如此：但也是〈为〉十分稀罕的人构想的，后者既有爱情又有友情。

47

你们这些认识爱好者！出于对认识的爱，你们迄今为止究竟做了些什么呢？为了知道一个小偷和杀人犯的感觉，你们干了偷窃和谋杀的勾当吗？

48

关于认识的价值，人们也已经上当受骗了：为了为自己辩护，认识者总是在谈论这种价值——他们总是太多地成了特例，差不多成了罪犯。

49

亲近朋友，但不要投向他！人们〈应当〉在自己的朋友中间也尊重敌人。

50

你想要传授的真理越是抽象，你就越是必须引导感官走向真理。

同情的微妙之处在于，它猜到受苦者是否想要同情。

"服从"与"律法"——这听起来超出了所有的道德情感。而"任性"和"自由"或许终究还会成为最后的道德声音。

孩子乃两个人激情的纪念碑；要成双结对的意志。

人们必须耐心等待自己的渴望来临，让它变得满满的：要不然，人们永远不会发现自己的根源，它也永远不会成为他人的根源！

你也必须把你的魔鬼培育起来，使之成长：由此你就可以摆脱那些小鬼了。

我们生命的伟大时代在于，我们获得勇气，敢于把我们的恶重新命名为善的时候。

甚至真诚也只是认识手段之一，是一把梯子——但不是唯一的梯子。

克服一种情绪的意志最终只不过是另一种情绪的意志。

谁若自身拥有受苦受难的意志，他对残暴就有着不同的态度：他不认为残暴本身是有害的和恶劣的。

人们在一个失败的行动中利用过的人，理当得到双倍的回报。

英雄主义——这是一个为某个不再被考虑的目标而奋斗的人的态度。英〈雄主义〉乃是求自身没落的善良意志。

有关性爱方面的巨大期望败坏了女人们全部更宽广的视角。

63

谁若不再能在上帝身上找到伟大，他根本上就再也找不到了伟大了——他必须否认或者创造伟大。

64

无条件的爱也包括——欲望被虐待：进而，它是对自身的反抗，而且献身最终变成了自身毁灭的愿望："沉入这片大海吧！"

65

快乐和自残乃是相邻的本能。在认识者中间也有自残者：他们完全不想成为创造者。

66

有一些人物，除了通过对自己的没落的追求，他们感到自己忍受不了任何手段。

67

有关迄今为止的一切价值评估，你越是接近于完全的冷却，也就越接近于一种新的升温。

68

一切善都是一种恶的转变：每个神都以一个魔鬼为父。

69

"我必须做什么才享福乐呢？"[1]我不知道，但我要对你说：有福了，然后做你有兴趣做的事。

70

人们喜欢上某个东西：而人们难以从心底里喜欢它，我们内心的那个暴君喊道："这就是给我的牺牲品"——我们就给了。

71

我不建议工作，而是建议斗争；我不建议和平，而是建议胜利。让你们的工作成为一种斗争，让你们的和平成为一种胜利吧。

72

我把你们从睡梦中唤醒：因为我看到，有一个梦魇压迫着你们。现在你们闷闷不乐，告诉我："现在我们应该做什么？一切都还是黑夜！"——你们这些忘恩负义的人！你们要再睡一觉，做个好梦！

73

每个教堂都是一个神人[2]坟墓上的石头：它绝对是要他不再复活。

1　参看《马太福音》(*Matth.*)第19章第16行。——译注
2　此处"神人"原文为 Gottmensch，指耶稣基督。——译注

女人身上的一切都是一个谜，女人身上的一切都有一个答案：它叫作怀孕。

74

善与恶乃是上帝的偏见——蛇说。但连蛇本身也是上帝的一个偏见。

75

这有什么用啊！除了吠和咬之外，你啥也不会——至少我的狗是这样的——查拉图斯特拉说。

76

我知道一切恶和一切善——我也知道超越善恶的东西——查拉图斯特拉说。

77

今天我爱自己有如爱我的上帝：今天谁能指控我有罪？我只知道得罪了我的上帝；但谁知道我的上帝啊？

78

你想要轻松地生活吗？所以，总是与畜群待在一起吧，忘掉自己高于畜群。——

79

在战争中，人与人之间的复仇是无声的。

80

你们应当热爱和平,以之作为新战争的手段!

81

不要看太阳! 对于你们夜晚的眼睛来说,月亮还是太亮了!

82

你们说:"现在暗了。"而实际上: 我为你们在太阳前面放了一朵云。但你们没看到云的边缘如何发光并且变亮了吗?

83

人们只为自己的孩子怀孕。

84

他们站在那里,小家伙们,像杂草和灌木——他们的悲悯是无辜的。现在我偷偷穿过它们,尽可能少地践踏它们——但同时,厌恶吞噬了我的内心。

85

是什么让我坚持下去的? 永远只是怀孕。每次作品诞生时,我都命悬一线。

86

对污垢的厌恶可能会变得如此强烈, 以至于它不让我们清洁自己。

87

作为创造者，你的生命超越你自己——你不再是你的同代人。

88

啊，你们想要最好地拥有之！这是你们的愚蠢。

89

拥有箭和弓时，人们只能沉默：不然人们就会喋喋不休地争吵。

90

我假设你们是富有同情心的：没有同情心，意味着精神和身体都病了。但人们当有许多精神，方可能成为有同情心的！因为你们的同情对你们自己和所有人都是有害的。

91

我喜欢隐藏在某个坚硬外壳下的同情心：我喜欢人们为之折断牙齿的同情心。

92

有一个错误的说法："谁若不能救赎自己，别人怎么可能救赎之？"但如果我有你锁链的钥匙，为什么你的锁与我的锁必定是同一的呢？

93

唯在战争中你们才是神圣的，而且是在你们成为残暴的强盗时。

94

（他们把他们的穿着称为"一式"：他们以此表示的意思，就是单调。）[1]

95

我喜欢上某个东西：而我难以从心底里喜欢它，我内心的那个暴君喊道："这就是给我的牺牲品"。这种残暴就在我的内心。看哪：我是恶的。

96

你们说善事就是甚至能使战争神圣化的东西？我说：战争就是能使每个事物神圣化的东西！

97

在我身上，理性也是一个例外，查拉图斯特拉说：混沌、必然和星辰漩涡——甚至在最聪明的世界里，这也是规则。

98

人们应当把自己的死亡搞成一个节庆，即便只

---

1 注意此句中的"一式"（Eine Form）与"单调"（Einförmigkeit）之间的字面和意义联系。——译注

是基于对生命的恶意：对这个想要离开我们的女人——我们！

99

我们俩有一些我们自己的东西：争执是多么美好——你有激情，我有理由！

100

我还不够伟大——不足以拥有这些感觉：但我已经足够伟大，不会为这些感觉感到羞耻。

101

"没有人能赞扬我。还有，谁是查拉图斯特拉不能赞扬的？"

102

我用我自己的毒药为自己的残疾做香膏：我从我痛苦的乳房中挤奶。

103

我已经揭开自己的面纱，并且不以如此赤裸地站立而感到羞耻。在人们渴望超越动物时，与人类为伍的恶魔，被认为是可耻的。（"对动物的讲话"）

104

人们可以自由地相信查拉图斯特拉：但这与查拉图斯特拉有何相干？

105

我来帮你们了，而你们抱怨我不愿与你们一起哭。

106

每一个神人都创造了自己的神：世上没有比诸神之间的敌意更凶恶的了。

107

承认你的意志，对我们所有人说"我只意愿成为这个"：将你自己的惩罚法挂在你身上：我们意愿成为他们的执行者！

108

如果你们太过软弱而不能为自己立法：那么，一个暴君就会把他的重轭压在你们身上，而且说："服从，咬牙切齿地服从"——所有善恶都会淹没在对他的服从中。

109

归还吧，回报吧；丰盛地回报吧，好东西和坏东西——在接受方面脆弱些吧，通过接受让你别具一格。

小心提防猫：它们从不给予，也不会回报——它们只会应答，发出咕噜声。

111

你们，远行的看到许多隐蔽之物的鸟儿，请你们告诉我：在所有人当中谁具有最广博的心灵？小地方如何成为最广博的心灵[1]

112

你依然有完全无辜的赞美：你不相信自己向来会受到赞美。

113

我在说话，孩子在玩耍：有谁能比我们俩更认真呢？

114

你已经征服了自己：但为什么你只把自己向我展示为被征服者？我想要看到胜利者：把玫瑰扔进深渊，并且说："我这里要感谢怪物，因为它不知道如何把我吞食！"

---

[1] 原文如此，句尾无标点。后同。——译注

115

你坐在沙滩上，又冻又饿：这不足以挽救他的生命！

116

"谁会相信我，"查拉图斯特拉说，"我属于暴躁者种类，而且属于淫欲者、迷信者、复仇者种类？但战争把我神圣化了。"

117

男人的幸福是"我想要"，女人的幸福是"我必须"[1]。

118

连最优秀的男人骨子里也是恶的：连最好的女人骨子里也是坏的。

119

如果我只想活着，我必须是一个天使：但你们却生活在不同的条件下。

1　此句的"我想要"和"我必须"德语原文分别为："ich will"和"ich muß"。——译注

谁对自己的上帝说：我也会用我全部的邪恶来侍奉你——他就是最虔诚的人。

你说我应该做你的老师！看哪，我是你的翅膀，不是你的障碍。

我该如何以一种十分可怕的方式搞笑？

我怎么会在乎一个像猫一样不能爱的人的咕噜声？

有的行为的实施是为了由此忘记另一个行为：也有鸦片式的行动。我在这里，是为了让另一个人被遗忘。

我做我最爱之事，正因此，我害怕用豪言壮语来称呼它：我不敢相信，这是一种崇高的强制力，是我服从的一种律法：我太爱我最爱之事，以至于我不会勉强地向它展示自己。

125

不是你们的罪恶——是你们的清醒朝天尖叫。

126

对我来说，你们的生活变得太贫穷了：现在你们希望，节俭就是德性。

127

黄金时代，人们把傲慢看作罪恶之源！

128

你们当保存你们身上的混沌：一切到来者必须拥有材料，才能从中形成自己。

129

不要上当受骗啊！最活跃的民众最疲惫，他们的不安乃是一种虚弱——他们不再有足够的容量来等待和偷懒。

130

命运啊，今天给我你的骰子中最凶恶的投掷吧。今天我要把一切都转变成金子。

131

再也没有人来到我这里。而我自己：我曾走向所有人，但我不曾达到过任何人！
* * * * * *

132

对生命的思考当成为一件复元 (Erholung) 之事: 通常只会考虑我们的任务!

133

我们既要残忍, 又要富有同情心: 我们要小心, 不要变得比自然更贫困!

134

"我在创造超人时可以不惜一切代价。你们所有的邪恶和虚假, 你们的谎言和你们的无知, 都依然在它的种子里。"

135

人是某种不再是人的东西的开端! 你们想要物种保存吗? 我说: 物种之征服!

136

难道我想创造羔羊的灵魂和狂热的处女吗? 我意愿的是狮子以及力和爱的怪物。

137

可能到目前为止, 人类的最高节日就是生育和死亡!

138

我们不仅必须为超人准备地球，而且必须为超人准备动物和植物。

139

要是没有一个演员先"表演"，最好的事物都不中用。

140

"人们必须给你们接种疯狂疫苗"——查拉图斯特拉说。

141

我身边还有所有这些野狗，不过是在我的地窖里。我甚至不想听到它们的吠声。

142

对生命的思考当成为一件复元（Erholung）之事：通常只会考虑我们的任务！

143

向我的演员致敬，不要在舞台上寻找最好的！

144

如果我不爱人类，我怎么忍受得了查拉图斯特拉？

145

你们在打仗？你们害怕你们的邻居？所以拿走界石吧：你们再也没有邻居了。可你们想要战争：而且正因此，你们才设置了界石。

146

"我意愿如此生活，因为一个尚未存在的世界的德性而容光焕发。"

147

每个事物都有两张脸，一张是消逝之脸，一张是生成之脸。

148

在认识中的这种优秀的、精细的、严格的感觉，你们绝对不想把它搞成你们的德性，它是许多德性的花朵：但它从中得以产生出来的"你应当"不再能被看到，根在地下。

149

爱是顺从之果实：而性别往往介于果实与根茎之间：自由乃是爱之果实。

150

个体越自由和坚定，他的爱就越苛求：最后他渴望超人，因为一切别的东西都没法使他的爱得到满足。

. .

151

不要透露你们自己的身份！如若你们不得不这样做，那就发怒吧，但不要羞辱！

152

我是来建议你们如何保护自己免受窃贼和凶手的侵害？我是对那些人说话，他们厌倦了自己的德性，并且可能有朝一日让自己被抢劫和杀害。

153

而你再也没有什么要对人类说的吗？他的弟子们问道。"不，"查拉图斯特拉说，"杯子是空的。"说完这话，他独自一人上路了。而看到他的那些人都哭了。

154

谨防冒犯隐士：他从不宽恕。隐士就像一口深井：往里面扔一块石头很容易，但一旦石头掉到了井底，你又怎么把它弄出来呢？

155

人性地对待创造者吧！他们的本性就是，他们贫于博爱。

156

在能够宽恕之前，人们必须首先体验到自己遭受的事情：对于有深度的人，一切体验都会长久持续。

157

在一个高等人的每个行动中，你们的道德法则都已百倍地残缺不全。

158

我可能依然站在最狭窄的人生阶段上：但倘若我向你们展示了这门艺术，那么我会是谁啊？你们想要看一个走钢丝的人吗？

159

哎，你们的床铺多么柔软！你们有一条律法——以及对哪怕仅仅在思想上违反律法的人的一道凶恶目光。但我们是自由的：你们对自身的责任的折磨知道什么啊！——

160

我教你们从永恒的河流中救赎：这条河流总是一再流回自己，而你们总是一次又一次地踏入同一条河流，作为相同者。

这是我教给自己的：人们已经给予自己全部道德：尽管他们现在相信，他们只是取走了它们。好吧！我们也可以给予自己一种善和一种恶！

对人类来说，什么是最难做的呢？就是热爱那些蔑视我们的人：当我们的事业庆祝自己的胜利时放弃这份事业；为了真理的缘故而反对敬畏；患病而拒绝安慰者；跃入寒冷而肮脏的水中；与聋子结成友谊；当鬼怪惊吓我们时把手伸给它：——所有这一切，查拉图斯特拉说，我都做了，都承担起来了：而今天，我要为了一个微不足道的东西抛掉这一切——为了一个小孩的微笑。

我意愿认识：我必须是残忍的。我逃离复仇了吗？难道我不知道所有伤者的呆滞眼睛吗？

即便作为动物，人们也应当是完满的——查拉图斯特拉说。

如果人们不可能成为偶像，他就会以崇拜为荣。

我爱自由的精神，若它们也是自由的心灵。在我看，脑袋就像心灵的胃——但人们应有一个好胃。心灵所接受的，须由脑袋来消化。

有一份天赋是不够的：人们还必须被允许拥有天赋！

同情是一种地狱–感觉：同情本身就是一个十字架，上面钉上了那个爱人类者。

让你们的灵魂保持新鲜、凉爽和粗犷！让多愁善感的暖风，陈腐闷热的伤感空气都远离于你！

"裹人浓厚的忧郁里：我的生命系于偶然小事件。"隐士。

当你备受煎熬时，就可能会变得足够谦虚，足以虚荣一次[1]——隐士说：他不情愿地松开了牙，通常

1　似也可以中文俗语译之："吃得苦中苦，方为人上人"。——译注

他都是紧咬牙关的。

172

"我不施舍——要行施舍，我还不够贫穷呢"——查拉图斯特拉说。

173

我是河流边的柱子和栏杆：谁能抓住我，就把我抓住吧！——我不是一根拐杖。

174

"人应该是植物与鬼怪之间的中心。"

175

鲜血是真理最坏的见证人：鲜血毒化一种学说，使之成为一种仇恨。

176

在同情的人身上，坚韧是一种德性。

177

杀戮之意愿、憎恨、不信任，现在乃是身体疾病的伴随现象：道德判断在我们心中是如此根深蒂固。——在野蛮时代，怯懦和怜悯可能会成为疾病的症状。也许连德性也可能是症状；———

178

这就是人：一种新的力量，第一个运动：一个滚滚而来的轮子；如果他足够强大，他会让星星在他身边滚动。

179

空间以坚强的肩膀支撑着虚无。哪里有空间，哪里就有存在[1]。

180

你们已经告诉我，声音和耳朵是什么：但这与声音艺术家有何干系？你们以此解释了音乐——甚或反驳了音乐？

181

没有什么道德本能，但所有本能都被染上了我们的价值评估的色彩。

182

什么是生命？一种持续不断的赞美和谴责。

183

当恐怖之物与有害之物结合在一起时，就会产生恶；如果厌恶〈与有害之物相结合〉，〈就会产生〉[2]坏。

1　此句原文为："Wo Raum ist, da ist Sein"，也可译为"空间在，存在在"。——译注

2　括号中文字为中译者所加。——译注

184

查拉图斯特拉:"只要你们的道德还悬在我头上，我的呼吸就像一个窒息者。所以我勒死了这条蛇。我想要活下去,所以它必须死。

185

这个人是什么啊? 是一堆激情，它们通过感官和精神蔓延于世: 是一团野蛇，它们难得厌倦于争斗: 然后它们盯着世界,为了在世上获取猎物。

186

人们不可能没有评估而生活: 但人们可以不评估你们所评估的东西而生活。

187

现在，他们的罪责又铅一般重重压在他们身上了: 他们是如此不灵活，如此僵硬: 只要他们只能摇头，它就会滚落下来。但谁来动这些脑袋呢?

188

我要强迫你们合人性地思想: 一种必然性，对于那些能够〈作为〉人而思考的人们而言。对于你们来说，一种诸神的必然性或许不是真实的。

189

赞美和谴责的力量是巨大的: 然而，可以吞噬这种力量的目标在哪里呢？

190

狗吃的实在太糟糕了——你们恰恰还以此责备你们的上帝。也许上帝会死于你们的食物吗？

191

你们的灵魂缺乏羞耻的薰香：但一只好苹果也有自己的绒毛。

192

当暴风雨来临时，你应当放下自己的决心。

193

唯在诸神能够回答之处，人们才能询问诸神。

194

在命运击中我们之前，我们应该像一个孩子一样引导它，并且——给它棍子：但如果它击中了我们，我们应该力求去爱它。

195

对我们当中的长者来说，在地球深处挖掘宝藏是不敬神的和贪得无厌的。

196

你要提防，不要唤醒死者，以免雷电击中你。

197

最大的亵渎是诸神不再存在之后对人的亵渎:对深不可测的事物之内脏来说就是对人性的鄙视。

198

变得必然! 变得明亮! 变得美丽! 变得完好!

这人喜欢飞翔的鸟,那人只看到朝霞和大海。

199

你们要提防,不要损坏活人的棺材

200

为大物件之故而活动,不然就缓慢存在,以及——

201

我爱过去吗? 我为了生活而消灭过去。我爱当下吗? 为了能够生活,我把目光从当下身上移开。

202

不能相信太久!:[1]知识在征服那一刻就失去了价值。所以要创造!

1　原文如此。——译注

创造一种高于我们自身的存在，这是我们的本质。超出我们的创造！这是生育的本能，这是行为和工作的本能。——正如一切意愿都以一个目的为前提，人也以一个不〈存在〉(ist) 的存在 (Wesen) 为前提，但这种存在给出了其此在 (Dasein) 的目的。这就是一切意志的自由！在目的中包含着爱、崇敬、完美、渴望。

森林的赞美。在我想到你的地方，这棵树是神圣的

感恩之习惯。

在动物点头之前，你们不能杀人。

注定要成为刽子手，你们这些学者啊！

我曾害怕与人交道：我渴望与人相处，但没有什么东西能满足我。于是我进入孤独状态中了，并

且创造了超人。还有，当我创造超人时，我为他安排了伟大的生成之面纱，让正午在他周围闪耀。

205

我产生轮回思想的那个瞬间是不朽的。为了这个瞬间，我忍受了轮回。

206

什么赋予事物以意义、价值和含义？创造的心灵，它渴望并且从渴望中创造。它创造了快乐与痛苦。它也意愿满足于痛苦。我们必须承担和肯定所遭受的人类和野兽的一切痛苦，并且必须拥有一个让创造的心灵获得理智的目标。

207

对于因此在 (Dasein) 而痛苦的人，除了不再因其此在而痛苦之外，是没有任何救赎的。他是如何做到这一点的？通过速死或者通过长爱。

208

每一个行动都在进一步创造我们，它为我们编织五彩缤纷的衣裳。每一个行动都是自由的，但衣裳是必要的。我们的体验——那是我们的衣裳。

209

渴望就是幸福：作为幸福的满足只不过是渴望

的最后瞬间。成就完全的愿望就是幸福，并且总是又有一个新愿望。

210

我的智慧啊，我私下里跟你说：我意愿，我渴望，我爱——我因此要赞美生命。倘若我不创造，而只是认识，那我就憎恨生命。

211

无为、放手、不创造、不破坏——这是我的恶。认识者作为不渴望者亦然。

212

空虚者、唯一者、不动者、完满者、满足、毫无意愿——这或许是我的恶：简言之：无梦的睡眠。

213

认识是一种渴望和渴求：认识是一种生产 (Zeugen)。对具身之物和世界的爱乃是作为一种意志的认识结果。作为一种创造，一切认识都是一种不 – 认识 (Nicht-erkennen)。洞 – 察 (Durch-schau-en) 是死亡、厌恶、恶。除了首次创造这种形式，根本没有其他形式的认识。成为主体——

214

最大的危险是对知识和认识的信仰，也即相信创造之终结。这是大疲乏。"一无所有。"

215

一切认识作为创造都不会终结。每个人都必须对完全属于他的世界有一个解释：他作为第一乐章。我们总是不愿承认自己，并且眯着眼看着畜群。

216

只有在我们为某人做好事的地方，才会真正发生不公行为：公正与不公与祸福无关，而是与利害有关。

217

人们会把你们称为道德的毁灭者：但你们只不过是你们自己的发明者。

218

这些是我的敌人：他们想要颠覆而不是建设自己。他们说："这一切都是毫无价值的"——并且自己不想创造任何价值。

219

我是"觉醒者"：而你们——你们刚刚出生，就已经开始死亡了。

所有人都能做些什么？——赞美与谴责。这是人类的德性，这是人类的疯狂。

人们总是行不公之事——公正如是说——不仅在你们伤害自己的时候，而且在你们感觉良好，彼此相爱和相互利用的时候。人们不报复，人们用赞美和爱来伤害，因为他们不报复。

关于疯子怎样热爱理性，发烧病人如何热爱寒冰，你们知道些什么啊!

在科学中，在认识中，本能变成神圣的了："对快乐的渴求，对生成的渴求，对权力的渴求。"在神圣性中，认识之人远远超越自己。

我当时在学校：我是为认识而活的。在那里，我的灵魂得到了净化，所有的欲望都变得神圣了。这是预备训练：认识者的孤独。你们应当像对待事物一样对待人类：你们的爱应当高于所有个别的事物和个别的人。

225

受苦的意志：你们必须暂时生活在这个世界上，你们这些创造者。你们几乎必定会走向毁灭——然后祝福你们的迷宫和你们的迷途。要不然你就不可能创造，而只能死去。你们必须有你们的起起落落。你们必定有自己的恶，并且暂时把它再次承担起来。你们这些永远轮回者，你们应该把自己变成一种轮回。

226

创造是对痛苦的解脱。但对创造者来说，痛苦是必然的。痛苦就是自我转变，在每一个出生中都有一种死亡。人们不仅必须是孩子，而且也必须是产妇：作为创造者。

227

你必须想要消逝，方能再次诞生——日复一日。百个灵魂的转变——这是你的生命，你的命运：

然后最后：再一次想要这整个序列！

228

你们看他啊，他是不是有纯净的眼睛和丝毫不带轻蔑的嘴。你们看他啊，他是不是像一位舞者那样行走。

你们不得不经常离弃一切，你们的女人、你们的国家、你们的利益：你们必须叫太阳在你们的生活中停息。

你们的肉欲生活是一种自我折磨：两者都是疾病和不体面之事。

人们应当效力于这种人，他通过我们的服务，自我克服和发明新任务的精神增加了：——这样，你作为一个仆人，自己就会受益匪浅。

不要对那些人发怒，他们思考，就如没落之人应当思考的那样：他们抓住他们的生命的稻草，对生命知之甚少，只知道人们抓住它，而抓住它是没有什么意义的：没落者没有什么价值——这是他们的"智慧"的核心

你们还根本没有下决心生活，而是像孩子们面对他们要潜入的水流时一样害怕和颤抖。而在此间，你们的时间在流失，你们正在寻求那个老师，他

对你们说:"在生命这个大海面前恐惧和颤抖"——
你们对这个学说叫好,然后早早死去。

234

生命的价值在于价值评估:价值评估是被创造的东西,不是任何被取得、被学习、被经验的东西。必须摧毁这被创造的东西,以便为重新被创造的东西腾出空间:价值评估的生命能力包括它们那种,被毁灭的能力。创造者必定永远都是一个毁灭者。然而,价值评估本身并不能毁掉自己:而这就是生命。

234

"生命是一种痛苦吗?"——你们说得对:好吧,那么,你们的生命就是一种痛苦!——所以确保,你们会终止;只有痛苦的生活会终止。你们的道德说:"你应当自杀","你应当从中偷走你自己"。

235

还有那些人,他们回避生活并且由此找到快乐与和平———他们通过创造这样一种生活的图景来找到它,作为创造者!———作为创造者,你们结束了你们的痛苦!并且如此热爱你们的生活!

你们以为你们摆脱了那些认识者的定律：但你们不能没抓住我们的评估就行动，你们这些无助者啊！你们更无法创造了！这种自由的幻想，它属于贫穷之幸福！一种对犯人的安慰！天生盲人的善行！

动物对自身一无所知，对世界也一无所知。

我太过丰盈：所以我忘掉了自己，而万物皆在我心中，万物之外再也没有什么了。我何往耶？

总是不断复返的紧密结合的感觉（"相对集中一段时间"）被我们视为朴素的事物和现实性：首先就是我们的身体。然而，"这些事物的全部属性都是由我们的感觉和表象组成的"。

我们当成为存在的一面镜子：我们就是上帝的缩影。

未来与过去一样，都是现在的一个条件。"应该生成和必须生成的东西,乃是存在之物的基础。"

242

我应该创造这一切吗?是不是我的自我(Ich)的运动安排了这件事,就像它安排了一个身体的运动一样?我只是这股力量的一点滴吗?

243

我只理解一种东西,它同时是一与多、变化与保持、认识、感觉、意愿——这个东西就是我的原始事实。

244

当我想要拥有对于真理的兴趣时,我发明了谎言和假象——近与远、过去与未来、视角。在那里,我把昏暗和欺骗放在了自己心里,并且让自己成为一种对我自己的迷惑。

245

人身上有许多东西是可爱的:但人是不可爱的。人是一个太不完美的东西:对人类的爱会把我杀死的。

246

我没有拒绝我爱的这个人:而不如说,我拒绝了使我爱他的原因。

看这世界，就好像时间已经过去了：一切曲者都会对你变直。

如果你看到蓝色，那么，克制自己并对自己说"你不应该看到蓝色"，这对你来说有什么用啊!

这些人想玩骰子,那些人想数数和计算,另一些人想看跳舞：他们称之为科学和汗水。但孩子们想玩游戏——而且真的,这是一种美好的孩子气,一点笑声不会伤害到游戏。

超人的所有标志都显现为人类身上的疾病或疯狂。

人们必须已然成为大海，方能接纳一条肮脏的河流,而不变脏。

当我想到目的时,我也想到了偶然和愚蠢。

你们对我太过粗暴:你们可能不至于毁灭于小

小的冒险事件。

254

不是在你们的眼睛停止认识的地方，而是就在你们的诚实终止的地方，眼睛再也看不到什么了。

255

对我们来说，猿猴是什么呢？一个笑柄或者一种痛苦的羞耻：而对于超人来说，人也应当是这个。

256

人们要如何跟你们说话，才能让你们明白！只有当你们生病时，你们才会有耳朵。

257

一旦意志出现，感觉就有解放的印象。因为感觉是痛苦的——而且，一旦意志出现，感觉就会停顿，不再痛苦。人们称之为意志自由。

258

那时世界对我来说是多么沉重——就像生活在大海里，现在不得不登陆的动物：现在它该如何拖着它自己的身体！

258

我不是发明了一种新颜色和一种新气味吗？

你们不该生活在人们迫使你们感觉渺小的地方。人们不会比在小环境中浪费生命更糟糕了。

260

如果你们过于软弱和讨厌，不能把苍蝇和蚊子杀死，那就到寂寞和新鲜空气里去吧，在那里没有苍蝇和蚊子：而且你们自己就是寂寞和新鲜空气！

你们可怜的身体——对自然法则的无知。

261

疾病是一种获得健康的笨拙尝试：我们必须用精神来帮助自然。

262

我的兄弟们，自然是愚蠢的：而且，就我们是自然而言，我们全都是愚蠢的。连愚蠢也有一个美丽的名字：它被称为必然性。让我们向这种必然性伸出援手吧！

263

尽可能多的人尽可能长生，这有什么要紧的？他们的幸福是一切此在（Dasein）的辩护吗？不更是一件可鄙的事情？

264

如果你想为此在辩护，你就不仅要成为魔鬼的辩护人，而且还要成为上帝在魔鬼面前的辩护人。

265

对岩石的讲话。我喜欢你一声不吭。你的沉默自有尊严。（从道德上感受自然界的一切：一切价值都在于此）

对一个国王的讲话。

266

世界完满地屹立在那儿——一种善的金色外壳。但创造性的精神也还想要创造完满的东西：于是它发明了时间——现在世界转动而展开出来，又以大圆环于自身中卷拢起来，作为经由恶的善之生成，作为经由偶然的目的之产生。

267

许多人以为世上最美妙的事就是与女人躺在一起，这种人已经够多的了。关于幸福，他们知道些什么啊！

一根无形的线将人捆绑得紧紧的。

当我尊重一种感觉时，这种尊重就会深入这种感觉之中。

如果你们没有出于对超人的爱，经历过你们深深地蔑视你们身上的人类的那个时刻,那么,你们的德性有什么要紧的？你们的德性也一道受到了蔑视吗？

在人类历史上，大蔑视乃是事件: 作为对于超人的大渴望的源泉。你们不要受骗上当了——从前人们很可能想进入彼岸或者虚无或者与上帝合一！？所有这些五光十色的词语都用来表达人厌倦了自己——不是厌倦了自己的痛苦，而是厌倦了自己通常的感受方式。

等待大蔑视的时刻: 这就是显赫标志。其他人仅仅效力于末人[1]的教育。

1　此处"末人"(letzter Mensch) 也可译为"最后的人"。——译注

272

思想不过是一个符号，正如词语只不过是一个表示思想的符号。

273

从前我藏在畜群里：现在畜群还藏在我身上。

1883年夏季箴言 (1) *

*　据1883年夏季笔记,《尼采著作全集》(KSA) 第 10 卷笔记 12 [1]。相应的手稿编号为: Z I 3。根据《人性的,太人性的》(1878 年版)、《人性的,太人性的》(1979 年版)、《漫游者及其阴影》、《曙光》、《快乐的科学》以及更早些时候 1882—1883 年笔记本的箴言汇集; 有补充和改动; 用于《查拉图斯特拉如是说》第二部、第三部、第四部以及《善恶的彼岸》。——译注

1

公共的意见——私人的怠惰。

2

信念乃是作为谎言的真理的最危险的敌人。

3

许多人固执于已经踏上的道路，只有少数人固执于目标。

4

蛇必须首先已经成为龙，某人方能因它成为英雄。

5

完全不谈论自己，这是一种非常高贵的——伪善。

6

不是在说出真理很危险时，而是在无聊之时，真理才最不可能找到代言人。

7

我们喜欢在户外活动，因为大自然对我们没有意见。

8

一件事情的无理性不是反对其此在(Dasein)的理由,而毋宁说是其此在的条件。

9

人们谈论的铁一般的必然性通常既不是铁一般的,也不是必然的。

10

当人们必须投入许多的时候, 一天就有百个口袋。

11

听得不好的人,总还会听到一些额外的东西。

12

人们正好躲过一辆车时,最有被碾压的危险。

13

等待使人不道德。

14

一个殉难者的弟子比殉难者受苦更多。

15

记忆力差的好处是, 更多地第一次享受同一个美好的事物。

16

一个职业是人生的支柱。

17

一种婚姻若能容忍一次例外情况，就证明了它的美好。

18

如果你没有一个好父亲，那就应该找一个。

19

如果人们从未学会好好工作，就不会感到无聊。

20

有些男人为自己的妻子被诱骗而叹息，而许多男人叹息，是因为没有人想诱骗他们的妻子。

21

令人怀疑的是，一个经常旅行的人是否在世上某处发现了比人脸更丑的地方。

22

人们把一种行动说得比实际情况更危险，以此来说服勇敢的人采取这种行动。

23

帮助尴尬的人的最佳办法，就是明确地赞美他们。

24

你可以说得极其恰切，但所有人仍然高声反对：也即在你不是向所有人说话的时候。

25

好幻想的人对自己否认真理，说谎者只对别人否认真理。

26

每个享受者都以为树在乎果实；而他关心的是种子。

27

谁若看到了某人的理想，他就是某人的无情法官，可以说是某人的坏良心。

28

一个伟人的追随者为了能够更好地歌颂伟人而迷惑自己：可怜的鸣禽！

29

什么是天才？意愿一个崇高的目标与实现该目标的手段。

30

坏的东西通过模仿赢得声望，而好的东西则由此丧失声望，尤其是在艺术中。

31

为了摆脱蚊虫和仰慕者，人们必须懂得如何调暗自己的灯光。

32

你力图寻找例外，这使你远低于那些寻找规则的人人之。

33

每个大师都只有一个弟子：而且这个弟子会对他不忠。因为他也注定要成为大师的。

34

精神有一些蠕虫，这并不能证明精神不成熟。

35

孤独者在孤独中吞噬自己，众人在多样性中吞噬孤独者。现在选择吧。

36

同伴的爱是一种，大师对大师的爱是另一种。

37

与其骑着驴子进城，不如不让人群发出和撒那[1]的呼声。

---

1 和撒那(Hosiannah)：耶路撒冷表示欢迎的呼喊声。——译注

38

如果我们反对自己，那我们的追随者永远不会原谅我们。

39

女人是造物主每个第七天的闲散。

40

我们一定要小心，不要过早变得尖锐，因为这样做会使我们过早变得瘦弱。

41

我们让谁长久地站在自己的宠爱的前厅里，他就会开始发酵，变得酸溜溜的。

42

在骄傲者那里，虚荣乃是礼貌的面具。

43

幽默是关于一种情感之死的碑铭。

44

对于时间的牙齿来说，一个好句子太难咬了。

45

一本好书甚至能使自己的对手变得机智。

46

在艺术中，神圣的手段能够使卑鄙的目的神

圣化。

47

当你的作品开口时,你自己应当闭嘴。

48

必须分批给你们的,未必因此就是零散的。

49

过快地接踵而至的好思想,会相互败坏彼此的"前景"。

50

牺牲存在于每一个行动中,无论是最好的还是最坏的行动。

51

直到有人把脚跟踩在我们身上,我们才知道自己是否有蛇牙。

52

如果有人在一只获赠的麻袋利益中哪怕只是发现一丝屈辱,他仍然会对这场好游戏摆出一副坏脸。

53

我们对每个人都了解得太多了些。

54

放荡之母不是快乐,而是郁闷。

55

用脏水洗胜于保持不干净。

56

所有金子都不发光：它太柔和了。

57

房子造好了，我们当拆除脚手架。

58

时不时的健康是最好的治疗方法。

59

最危险的追随者是这样一种人，他的背离会毁掉整个党派——也就是最佳的追随者。

60

最大的施舍者是懦弱。

61

人们向着光聚集，不是为了看得更清楚，而是为了更好地发光。

62

在"寻找人"之前，我们必须已经找到了灯笼。

63

每一句话都是一种偏见。

64

对于寻求风格的朋友来说，找到的风格是一种折磨。

65

德性睡着时，会更清新地起床。

66

禁欲者把德性变成一种困厄。

67

我们不该在罪犯中寻找恶棍，而应该在那些"不犯罪"的人当中寻找。

68

最有趣的作者会引起一种不可察觉的微笑。

69

反题[1]是一扇窄门，谬误最喜欢通过它悄然走向真理。

70

多才多艺的人比天资平庸者更缺乏安全感。

---

1 此处"反题"（Antithese）也有"对照、对偶"之意。——译注

71

一个人向另一个人坦白了罪责，就会遗忘自己的罪责。

72

"韧带不能撕裂——你必须咬它。"

73

在那些不能飞翔的人看来，我们升得越高，就越显得渺小。

74

当人们向敌人进军时，听起来是多么糟糕的音乐和多么糟糕的理由啊！

75

大师的高超之处也包括警告他的弟子提防自己。

76

为什么人看不见事物？他挡住了自己的路；他把事物掩盖起来了。

77

谁若想杀死自己的敌人，他就得考量一下，他是否恰恰因此而永垂不朽。

78

在大多数情况下，那种古老的激进疗法始终还有助于对付爱：报之以爱。

79

有些人完全有权以这样那样的方式行事。但当他们为自己辩护时，人们就不再相信这一点了。

80

在所有的安慰方式中，对需要安慰者最好的莫过于断言，对于他们的情形，没有任何安慰可言。

81

活泼的人物只是片刻撒谎：然后他们便自欺，深信不疑，真诚公正。

82

投身于敌人之中可能是恐惧和怯懦的标志。

83

胆怯者不知道什么是孤独：他的椅子后面总是站着一个敌人。

84

我们再也不愿把原因变成罪人，把结果变成刽子手。

85

我们应当取缔乞丐；因为人们为施舍乞丐而愤怒，也为不施舍乞丐而愤怒。

86

学者：今天人们既这样来称呼精神的战士，也这样——遗憾——来称呼精神的织袜工。

87

鼓舞人心的是心灵：使人勇敢而冷酷地处于危险之中的是精神。哦语言！

88

人们用舌头说谎，但仍然用嘴和口说出真理。

89

人类是有着红红面颊的动物：人类是经常不得不感到羞耻的动物。

90

多多谈论自己，也是一种自我隐藏的手段。

91

如你们所言，你们相信宗教的必要性吗？诚实点吧！你们只相信警察的必要性。

92

女人比男人更感性，但女人对自己的感性知之甚少。

93

道德是人类在自然面前的装腔作势。

94

我们赞美合乎我们趣味的东西：也就是说，当我们赞美时，我们赞美的是我们的趣味：这难道不是与所有好趣味相违背么？

95

根本没有人〈类〉：因为不存在第一个人——动物们如此总结。

96

魔鬼说，上帝也有自己的地狱：那就是上帝对人类的爱。

97

谁若实现了自己的理想，他恰恰因此就超越了——理想。

98

有些孔雀把孔雀尾巴藏起来不让所有人看到，并且称之为——孔雀的骄傲。

99

偶尔真理终于获胜，这是毫无疑问的：任何一种错误都为真理而奋斗。

认识者感到自己是上帝的——化身。

我倾听回声，我只听到了——赞美。

有些人只有在死后才长大——通过回声。

可怜的艺术家啊！你们想把它建造起来，而流氓无赖只想——被推翻！

信仰带来福乐，尤其是对我们的信仰。

"我们最亲近者不是我们的邻人，而是邻人的邻人"，所有民族都这样想。

大债务不会让人感恩，而是带来复仇欲。

谁若走得太远，最后就会因为疲倦而睡在雪地上：就像怀疑论者。

107

内疚教你咬人。

108

表扬比谴责更多鲁莽和纠缠。

109

我们不相信冷酷之人的愚蠢。

110

认识者生活在人类中，并不像在动物中一样，而是——就是在动物中。

111

我们从根本上只宽恕我们的敌人——他们的错误。

112

刽子手以所有审判者的眼睛观看。

113

我们行动的后果紧紧抓住我们的头发，对我们此间的自我"改善"完全漠不关心。

114

"但你怎么能这样做呢？太愚蠢了！"——"这对我来说已经够难了。"

115

唉！你看到了他的理想！从现在开始，你只会在他身上看到他的漫画。

116

倘若没有下身，人会认为自己是一个神。

117

对人类的同情——这或许是对每个个体的暴政。

118

为了好好地——看，必须撇开自己。

119

"人是不平等的！"——公正如是说。

120

谁若看不到一个人的高处，那就会从太近的地方看到他的低处。

121

当一个人的才能越来越暗淡时，他的道德品质就会变得更显眼：而且，并非总是星光熠熠。

122

当我们疲惫不堪时，我们也会受到早已被克服的概念的侵袭。

123

有一种遗忘，这一点还从未得到证明：而只是，如果我们愿意，我们不会想起一些事情。

124

对因与果的信念乃在于一种最强烈的本能，即复仇本能。

125

如果有人让我们很舒服，我们就认为他的道德是善好的。

126

在努力不认识自己的追求中，即使通常的精神也还是十分精细的。

127

观看但不相信——此乃认识者的第一德性；表面现象是他最大的诱惑者。

128

什么是"教会"？——一个骨子里要撒谎的国家种类。

129

佩带未铸造的金子是不舒服的；无公式的思想家就是这么干的。

谁若对人诚实，那么，即便他彬彬有礼也是吝啬的。

"英雄人物是快乐的"——这一直是与悲剧诗人们相反的。

功利只是一种手段；它的目的始终是某种甜食——诚实点吧，我的甜味剂先生们！

当我们的恶劣品质已经被德性战胜时，它们就会让我们付出代价。

"现在我是公正的"——"现在我被报了仇"[1]：听起来一样，而且往往不仅听起来一样。——

人们从不拥有：因为人们从不存在。人们不断地赢或输。

1　这两个句子中的"公正的"（gerecht）与"被报了仇"（gerächt）两词发音近乎一致。——译注

136

做坏事胜过想得小!

137

喀耳刻的猪崇拜贞洁。

138

人们会在大海中渴个半死，在太咸的真理中亦然。

139

从健康角度看，一种懒惰属于消化。也属于一种体验的消化。

140

偷窃往往比获取更福乐。

141

在每一声哀叹中都有复仇。[1]

142

震撼我的不是你骗我，而是我不再信你了。

143

关于善与恶，每个人都认为自己是"行家"，这就错了。

---

1 或译为"有怨必有报"。——译注

144

赞美者多半表现得仿佛他是在回馈：实际上，他意愿获得馈赠。

145

女人总是作为孩子的教育者而周旋于孩子们，这使女人不再幼稚。

146

从根本上说，人们只爱自己的孩子或者自己的事业。

147

谁若不让我们卓有成效，就肯定会对我们漠不关心。

148

"人们可能为邻人做事，但不会为邻人创造"：所有创造者都这样想。

149

愤怒并不揭露人，而是揭露愤怒。

150

谁若对自己的时代怀有敌意，他就还没有足够远地超越这个时代——或者是落后于这个时代的。

151

"哪里还有一片大海是人们可以溺死的啊!"——这种叫声穿越我们的时代。

152

有许多残暴者,他们只是太过懦弱而到了残暴地步。

153

如果人们要重又变成孩子,就必须克服自己的青春。

154

"唯有热烈者才知道冷漠的喜悦":一种自由精神如是说。

155

我们最不公平地对待的,不是我们厌恶的东西,而是我们根本就不关心的东西。

156

一种理论——不可反驳,这委实不是它最小的魅力。

157

"善与恶是上帝的偏见"——蛇说。

158

只有在唯有诸神才能回答的地方，我们才应当向诸神询问。

159

有些人，直到他丢了脑袋才找到自己的心。

160

事物：它们只是人类的界限。

161

对我们来说，有些东西会变得透明：但因此我们还不可能长久地——通过它。

162

命令比服从更难学会。

163

不是我们的行为，而是我们和其他人关于我们的行为的看法——使我们成为善人或者恶人。

164

谬误断言，真理是简单的。error veritate simplicior [谬误比真理更简单]

165

Ubi pater sum, ibi patria. [哪里有善良，哪里就是祖国。]

166

与其拒绝一种感谢，还不如拒绝一种请求。

167

对我们来说，惩罚比犯罪更有玷污作用。

168

真理本身不是一种权力：如果真理不站在权力一边，它肯定会归于灭亡。

169

这表明大师既不会犯错也不会迟疑不决。

170

是什么让人〈类〉如此不安？不是事物，不是关于事物的看法——而是关于根本就不存在的事物的看法！

171

不朽之物只是一个比喻。

172

有一种硬度可以理解为强度。

173

当人刚刚获得很大的荣誉并且吃得很好时，他是最仁慈的。

174

我们观察他人是否察觉到我们的弱点，比我们自己对他人的弱点的观察更细致。

175

唯有穿戴者才制作服装。

176

改进风格——也就是改进思想——仅此而已！

177

一本经典图书的弱点在于，它过多地是用作者的母语写的。

178

只有当我们注意到我们的对手缺乏德性时，我们才会特别重视对德性的拥有。

179

人们应当像一个病人利用床一样利用一切细小的幸福：为了康复——根本没有其他。

180

以小恶念为乐，使人免于诸多大恶业。

181

长期而巨大的痛苦会制造暴虐。

182

要是人们不把自己的魔鬼拉扯大，小小的恶行就会使人们变得——渺小。

183

对于自己的朋友，人们应当成为一个休养所，但却是一张硬床，一张行军床。

184

如果有些事情失败了，人们就应当为襄助者支付两倍费用。

185

在接受方面要矜持！要通过接受来突出自己！

186

始终给予的人，在此过程中容易变得无耻。

187

伟人什么时候看起来像一个善人一样又胖又乖！

188

"我原谅你对我的所作所为：但你对自己做同样的事，我又怎能原谅你！"——一个情人如是说。

你说"我喜欢这个"，你这是想赞扬我。但我不喜欢你——！

对自身的爱是怀孕的一个标志。

对于非常孤独的人来说，甚至噪音也是一种安慰。

在半神身边，甚至英雄也会变成可笑的东西。

"他需要多少个十年才能闪耀？"我们用这个问题衡量一个人的高远。

对爱情的巨大期望败坏了女人们对所有其他人的看法——对远方的人的看法。

"人们只为自己的孩子怀孕"：所有创造者的自私自利如是说。

他依然有充分的纯真的钦佩之情：也就是说，

他还没有想到，自己可能有朝一日受人钦佩。

197

有些此在 (Dasein) 没有任何意义，除了让另一种此在被遗忘。而且，同样也有鸦片类药物式的行为。

198

一个孤独者说过："我固然曾走向人群，但我从未到达过！"

199

想要为此在辩护的人，也必定能够在魔鬼面前成为上帝的代言人。

200

既无能于爱也不能交友的人，最有把握找到自己的账单——在婚姻中。

1883年夏季箴言 (2)*

* 据1883年夏季笔记，《尼采著作全集》(KSA) 第10卷笔记13 [1]。相应的手稿编号为: Z I 4。主要摘自笔记本9 (N VI 2)，也有部分摘自笔记本10 (N VI 3)。——译注

查拉图斯特拉的
神圣笑声。

I

指针移动，我生命的时钟屏住了呼吸：我从未听到过周围这般寂静：于是我害怕了。

然后它无言地对我说：时辰到了，可以宣讲对救赎者的救赎了。

2

你们的精神还没有忧心和伤心：你们生命的面包是酸的，但还不是通过思想变酸的。

3

作为一名猎人，查拉图斯特拉外出了，去追逐丑陋的真理：他经常阴森森地从森林里回家。

4

人啊，你的认识就是：转而为你解释万物的美好。你们都是我的解释者和转动者，你们这些认识者！

5

体验来得很专横，但我的意志却对之说：它已经跪地求饶了。

6

你没有感受到太阳的干渴和灼热的气息吗？她想在大海中吮吸，饮尽大海的深邃和自己的高远。

7

现在，大海的欲望随着千个乳房而起伏。它意愿被太阳的渴望亲吻和吸吮：它意愿变成空气，变成光明的高空和小径。也就是说，与太阳一样，认识者热爱生命：他意愿把最深的东西带到自己的高空。

8

舞者不是把自己的耳朵戴在脚趾上吗？

9

你是一颗星吗？所以你必定也意愿漫游，你这个罪犯啊，无家可归。

IO

我的海底是寂静的：谁能猜到那里隐藏着戏谑的怪物！

我的深邃是不可动摇的：但它发出闪烁的谜语和笑声。

II

看哪，女人怎样违抗自己，怎样逆着自己的金发梳头!

他们填满了嘴巴：现在我们应当认为，他们会忽略心灵。

你们这些当代人，我不会把你们太当真：你们对我来说瘦弱又苍白：撕裂的面纱，让永恒透露出来。倘若我没有看到你们背后和面前的东西，我多么希望生活在你们中间！

我觉得你们是不必要的，你们对我来说甚至不是多余的。真的，你们身上几乎没有——溢出！

一颗星星沉落并且消失了：但它的光芒仍在路上。告诉我：它何时将不再在路上呢？

大海不是孔雀中的孔雀吗？在柔软的沙子上，它卷起银色的尾巴，由银丝制成的顶级隔层：它什么时候会厌倦呢？所以生命热爱自己。

午夜醉醺醺的眼睛看着我：孤独蹲在她身边，死一般的寂静，我最糟糕的女友。

17

像指环的渴求一样，我对自己的渴求也是永恒的：再次伸出援手，每个指环都在搏斗和转动。

18

你们逗我笑了，你们这些跛行者！但你们要提防那些急于求成的人：方使他们体验不到他的脚后跟！

19

你想要成为所有迈步行走者的绊脚石吗？那么走向他们，同时还把头转向你的背！

20

害怕那些退隐者！害怕准备跳起来的老虎！

21

迄今为止，你的泉水流得太急了：它总是想要装满杯子，为了立即清空杯子。

22

寂静。高处的谦逊。

23

为了装饰，我意愿为自己弄来从生命的桌子上掉下来的东西：而且，用鱼刺、贝壳和带刺的叶子，我意愿比你们更具装饰性！

24

当夜晚最静默之时,你的善行必将降落,有如露水落在草地上。

25

我相信自己能做一切恶:因此我只想从自己身上得到善!

26

无论你们自夸为诗人还是舞者:你们是否称自己为人民的声音和公共福利的仆人。

无论你们是在传授、绘画、发声还是在玩"黑白"游戏:

对我来说,你们全都是一条法规和贪婪的孩子:它说"你当扬名立万"。

不过也有其他人,那些更稀罕者,他们有一个名字:但他们却想遗弃之,把它从所有榜单上抹掉。

他们把头藏在灌木丛和洞穴里,或者用假名给自己洗礼:他们可怕的女主人可能会误认他们,愤怒地从他们身旁匆匆而过。

谁是他们〈不〉想被其发现的那可怕的女主人呢?

27

把别人的不公扛在自己肩上，在双重负担下喘息，我把它叫作仁慈和仁慈感。

28

并不是你行为的根据和目的使你的行为变成善的：不如说，你的灵魂就在此战栗、闪光和洋溢。

29

"学者"

现在你站在那里，两肋如此瘦弱，以至于你不禁惊奇于自身。

于是你开口说：是不是在我睡觉时，有一个上帝暗中偷走了我的某个东西？真的，他从我身上偷走了足够多的东西，足以让一个女人从中脱颖而出。

奇妙的是我的肋骨的贫乏！

30

看看他啊，他对被叫作人类的一切东西的同情是如何膨胀和过度膨胀的：他的精神已经完全淹没于他的同情中；很快他就会做大傻事。

31

我像一阵强风一样迎面而来：我向我的蔑视者提出这样一个建议：小心提防迎风——吐痰！

32

你们想要弱化疾病,你们为我弱化了病人,你们这些伪医生和救世主!

33

我住在你们之上,太高太陡:我把我的巢筑在未来之树上,我唯一的同代人。

34

当能够发号施令者说服并且把他君王般的双手藏在外套里时:我称之为礼貌。

35

我狂野的智慧孕育于一座孤山:她在粗糙的石头上孕育了自己的孩子,那最小的孩子。

现在她愚蠢地穿过严酷的沙漠,不断寻找,寻找一片温柔的草坪——我那古老的狂野智慧。

在你们心中温柔的草坪上,我的朋友们啊! ——她愿意把她最心爱的东西安放在你们的爱上! 但我怎么了?

36

众所周知的东西会被所有人遗忘;倘若没有黑夜,谁还会知道光明是什么!

37

我确凿地对你们说：不朽只是一个比喻。(指环的渴望[1]

38

我们蔑视一切可说明[2]的东西。某种愚蠢让自己吃惊，赤裸裸地站在它的说明者面前。

39

你们真的见过一个做对自己有用的事的人吗？

40

一个爱我们的上帝必定会为我们之故做一些愚蠢之事！你们对你们的上帝的"智慧"的赞美对我来说是什么啊！

41

你的幸福还不成熟：耐心等待吧！

42

你们周围的空气很糟糕：现在包含于空气中的思想导致了这一点。

---

[1] 原文如此。——译注
[2] 此处"说明"德语原文为 erklären，指以"因果说明"为主导的科学思维方式。——译注

43

我最近在大海里看到了一个形象，一个女神形象：波浪缓慢而狡诈地在她白皙的乳房周围爬行。

她一半被沙子掩埋，一半被海浪的嫉妒所掩埋。

44

我沉浸于孤独太久了：我因此忘掉了沉默。

我完完全全变成了一条来自高高山岩的溪流的口与咆哮：我想把我的演说扔进山谷里。

45

我恨你们所有人，你们这些守夜人和守墓人，以及那些只会吹响阴郁号角的人。

46

我嘲笑你们的自由意志，也嘲笑你们不自由的意志：你们所谓的意志对我来说是一种幻觉，不存在什么意志。

47

从痛苦和思想中产生出这种被称为意志的妄想。而且，因为并没有什么意志，所以也就没有必须（Müssen）。

48

我诚然已得出了结论：现在它却拉着我！

49

谦卑具有最坚硬的皮毛。

50

甚至我们所放弃的东西，也编织于一切未来的织物之中：甚至虚无（Nichts）本身也是全部编织者当中的大师。

51

有些人厌倦于自身：而现在才开始了他们的幸福。

52

如果你想骑得好，那就在你的意志之马前再绑一只小驴吧！

53

我被我的幸福所伤害：一切受苦受难者都应当是我的医生！

54

不相信自己的人，永远在撒谎。

55

一旦你们的仇恨和嫉妒变得懒惰，你们的四肢伸展开来：你们的公正才会醒来，揉揉惺忪睡眼。

56

"认识者"

以他那消瘦的德性和脆弱的灵魂，他在阴影中坐得太久了：所以——他渴望自己的期望。

57

"伟人"

唯当我回避我自己时，我才跳过我自己的影子：而且真的，我的朋友们，进入我的太阳中吧！

58

难道我不是一个谦逊的人吗？我居住在我的高空脚下，我从未见过我的顶峰：我的谦卑是不可被说服的。全部精神都来找——我：我喜欢它，它想成为我的精神。

59

人们掠夺了我从骨子里深深热爱的东西：现在我的爱像洪流一样溢出，一路向下直至傍晚和早晨；我的灵魂从静默的山脉和痛苦的雷雨中冲进山谷。

6○

（"认识者"）

你们与精神本身讨价还价，你们用讨价还价的买卖毒害你们的血液：只有流血至死，你们才能解毒，治愈你们自己！

"天才"，可曾有过一个超人？

一只可怕的环节动物爬进了一个神的蛹里：太久了，我是具有神圣皮肤的傻瓜：蛇的环节是把它们塞满的内脏！

我以为我看到了一个神的灵魂在玩耍：面具掩盖了我身上的蛇污和恶浊气味。一只蜥蜴的诡计与神性的蛹一起偷偷摸摸！

把笑声神圣化，在世界上画一个多彩的帐篷——我为此而来：创造一个缀满星星的新天空和新的绚丽之夜，如果我必须为你们创造更黑的夜，我就把自己带给你们了。

我渴望远方，我向远方望去：我把手放在你身上，我的鹰，现在告诉我，鹰眼看到的最远的东西是什么！

"它给予自己",你们对我说?不,我的兄弟们,它取得自己,并且将越来越多地取得自己!

(当代人)

谁懂得移山,他也要移走山谷和低地。

你们会对我的饮料打喷嚏:我的起泡酒会让你们的鼻子发痒,变得性感。

海浪咆哮而过:孩子哭了,因为海浪把他的玩具带入了深渊:可是,同一阵海浪在柔软的沙子中倾泻出百个其他游戏装置。所以我的兄弟们啊,不要为我的消逝而哭泣!

不要争论趣味吗?哦,你们这些傻瓜啊,全部的生活都是关于味道和趣味的争论,而且就应该是这种争论!

我闻到了你们的尘土的味道,你们的灵魂长久没有通风了。

不是给你们的耳朵：我要把我的学说交给你们的双手。像我一样去做：只有行动者才能学习；也只有作为行动者，我才能成为你们的教师。与其歇手朝拜，还不如效法于我，哪怕效果不佳！

72

真的，我不喜欢闷热的灵魂，同样不喜欢冰冷的灵魂：但如果它们聚集在一起，那就会出现——我所爱的东西，一阵微风。

73

我以为我降落在一个小岛上：但却是一个沉睡的怪物。

74

我还没有看到一种没落和消亡不是生育和受孕。

75

一道闪电击中了你们的食物，你们的嘴不得不吃一阵子的火了！

76

我还没有为我的学说赴汤蹈火：但我的学说已经走出了我的火。

77

正是人在十字架上挂了两千年：一个可怕的神实施其残暴，美其名曰爱。

78

"世上的一切都让我不爽：但最让我不爽的是我对一切的不爽。"

79

我已经告别了很多回，但我没有把门关上——你们迟钝的耳朵什么也没听见。

80

每个想使人们皈依自己的人，在我看来都是多么可笑！

81

无论我是否想要你们，你们都来我这儿：但正如我必须给予你们，你们也必须从我这里取得——取得我！

82

我愿成为一头白牛，走在犁铧前面，哼哼唧唧又咆哮如雷：而且，正如我的宁静在阳光下安定下来，我的幸福也可能沾着泥土的气息。

83

我的鹰不顾我的意志疯狂地扇动翅膀：但它的海浪却在这块岩石上破碎。

84

他们还"经历"了什么？事件像蚊虫一样落在他们身上，他们的皮肤还在遭受破坏，但他们的心再也不知道个中情况。

85

我不喜欢这个苍白的胖月亮：真的，我总还没有找到他这个月亮上的"男人"。他对我来说只是一个僧侣，一个脸颊湿润的僧侣，一个贪婪好色的僧侣：他贪婪地绕着所有黑暗角落爬行，望着半闭的窗户——他，最嫉妒的雄猫，在夜里穿过屋顶！他嫉妒所有的恋爱之人，那月亮上苍白而肥胖的僧侣！

86

是夜里了：又在屋顶上

月亮的胖脸在游移。

他，最嫉妒的雄猫，

嫉妒所有的恋爱之人

这个苍白肥胖的"月亮上的男人"。

他贪婪地绕着所有黑暗角落爬行，

宽宽地靠在半闭的窗户上，

像一个贪婪好色的胖和尚，去吧

夜里他在禁阻的路上放肆。

87

哦，关于这种伪造的光明，这种甜美的沉闷空气！在这里，灵魂不能飞翔，而只应该向高空——跪下。

88

哦，生命！我看着你就像看着眼睛一样。

我从你身上看见的，就是你在看我：我从你身上猜到的，就是你已经猜到了我！

89

现在是冬天，今天我想跳舞。我有足够的光芒来迎接这场雪；我想爬山，在那里我的光芒可能会与寒风争斗。

90

我不是天气分界线吗？不是所有的风都来找我，并且来探问我的意志吗？我将把手放在即将到来的一切上。

91

你们以为这一切都是巨人的狂野游戏和巨人拳

头的笨拙吗？可鸽子脚上的一句话引导了这些野蛮人的意志——一句有价值的话；而且是从最寂静者那里传来这样一句话。

92

是夜里了：现在所有的喷泉越来越响亮；而我的灵魂也是一个喷泉罢。

是夜里了：现在爱人们的全部歌声才刚刚唤起。而我的灵魂也是一个爱人的歌罢。

93

火和燃烧就是我的生命；他的献祭的熏香比牺牲品活得更久。它的芳香在海面上远远飘散：它感动了孤独的水手。

94

这是秋天，收获，丰盈，午后，以及遥远的大海：但现在我必须成为一只鸟，穿越你们飞向正午：从你们的秋天而来，我预言你们的冬天和你们冰冷的贫困。

95

说实话：我猜到了你们最好相信什么。现在我希望，你们全部的认识都服务于这个最好的信念！

96

我的演讲太慢了。我要跳上你的战车,暴风雨,我也会用我的恶意鞭打你:就像一阵叫喊和欢呼,我们意愿穿越浩瀚的海洋。

97

完满在前方投下阴影:我把这种阴影叫作美——所有事物中最轻盈和最寂静的东西,以超人的阴影来到我这里。

98

就像野猪的鼻子,我的话会激起你们的灵魂根基:我愿被叫作犁铧。

99

我怎么了?我的井干涸了,我的海水退去:我的底部要裂开,并且把我吞没在自己的深处吗?

100

——走向不朽!亚壁古道[1]。

---

[1] 亚壁古道 (Via Appia):古罗马时期一条把罗马及意大利东南部阿普利亚的港口布林迪西连接起来的古道。——译注

在你们的理智有缺陷的地方，你们很快就把所有临时替代者中最可怜的一个放进去："上帝"就是他的名字。

我意愿消失于黑暗的雷雨之中：在我的最后时刻，我意愿同时成为人类与闪电。

我最甜蜜的话语现在成为你们的发酵面团：你们因复仇而对我打呵欠：而只有当你们已经完全为我发酵，因你们的恶意和复仇而过度膨胀和上升时，我才会发现你们美味可口。

我想揭露你们的秘密：因此我要当你们的面笑出我高空的笑声。

你们的脸对我来说是黑暗的，你们这些行动者：你们双手的影子在上面玩耍，你们眼睛的意义对我隐藏起来。

一种沉睡于花岗岩中等待着唤醒者的思想。

107

在鲸鱼的肚子里，我成为了生命的宣告者。

108

我看到你们全都赤身裸体·：·我还怎么来区分你们善人与你们恶人啊！

109

我的幸福像狂风一样袭来：它无意中把不知道如何逃离它的笨拙者撞到坚硬的墙壁上。

110

他下沉了，他的恶魔拖着他：他越是下沉，他的眼睛和对他的神的渴望就越是发光发亮。

111

当代人

你们冲向我，因为我用自己的桨击中了你们：然而你们也必须把我的小船带向不朽。

112

生命也切入生命：通过自己的折磨，生命自己的知识增加了。

113

应当有一个小孩，为我持有上面写着世界的镜子。

114

他解开了自己的谜团，但没有解除这些谜团[1]：它们没有飞起来变成天上的孩子。

115

我的思想是色彩：我的色彩是歌唱。

116

当我找到了路并且走路时，我的膝盖第一次颤抖了：看到的人对我说：你忘掉了路，现在你也忘掉了如何走路。

117

现在我也忘掉了意志：习惯于攀登，我被提升了，并且被以太（Aether）用金线拉了起来。

118

我有没有因为声誉而睡着？对我来说，每一种声誉都像一张钉床。

119

所有的美都引诱我离开你们人类：所有美都引诱我远离全部诸神：所以我在公海上抛锚，并且说："这里曾经是超人之岛！"

1　此句中的"解开谜团"（Räthsel lösen）和"解除谜团"（Räthsel erlösen）用了两个相近相似的动词。——译注

120

如果你们的美本身并不传布悔过，你们的话语又能做什么！

121

有着一头公牛的脖子——和一个天使的眼睛，我想要你们！

122

我失明了。

我的失明以及盲人的敲击和摸索，可能会告诉你们我所看到的太阳的权力。

123

从前，认识已经学会了静静地微笑，不嫉妒美

124

你们摆脱了所有的精神，一个精神的自由之所和快乐之所。但现在我却想要这样：你们的城市不仅应当占据——拥有我的德性；你们将拥有我的德性。

125

我焦躁地忍受了这个冬天：现在，四月的恶意竟利用我的焦躁，我常常因为它迟疑的痛楚以及它那嘲弄的雪花——而起泡外溢。

我第一次把正义者、英雄、诗人、认识者、预言者、领袖聚集在一起：我把我的穹顶放在了民众之上：天国的支柱——足以支撑天国。（超人当会如是说！）

127

公正站在我面前：我打破了我的偶像，我感到羞耻。我接受了一次忏悔，强迫我的眼睛看向他们不愿看的地方：并且把爱带到那里。

128

最高种类的激情，变得寂静的、涌动的〈激情〉[1]

129

（结尾）——每一个要受苦的人都预先已经感觉到，他已经被抹了圣膏，并且通过流泪而被奉献，成为祭祀动物。你们称之为我的"幸福"——

130

他的权力源自他的单纯之丰富。"唉，难道我应当成为一个神吗？"——他说。

---

[1] 括号内文字为译者所加。——译注

就像跌落时还迟疑不决的瀑布——

我们意愿把人性渗透到自然之中，并且把自然从神性的木乃伊中解救出来。我们意愿从自然中取得我们需要的东西，为的是超越人类而开启梦想。比风暴、群山和大海更伟大的东西尚未形成——不过作为人子！

你们沉重而嘎吱作响地走来，像马车从石头上驶下来：但你们的全部尊严表明你们正在走下坡路——深渊将你们拉向它自己！

用过期的、变尖的舌头

你们想捕一条鱼，把我的网抛到海里——但这时我拉起了一位老上帝的头：也就是说，大海给了我这个饥饿者一块石头。

你们的祖国对我来说是什么！我单单爱着我孩子们的土地，那片未被发现的土地，我叫我的风帆飘过大海去寻找这片土地：所以我要善待我的孩子们，让他们明白我是我父亲的孩子。

137

你们的德性应该只对这个人有用，为他之故，你们蔑视自己和你们的用处。否则，在你们的德性的目光里，就会有对效用的蔑视。

138

我的鹰是凶猛的强盗和猛禽：愿它成为所有白色小绵羊的危险！

139

你们知道入睡者的恐惧吗？他被吓到了脚尖，因为地面正在退缩，梦想开始了——而且他经常因为这种恐惧而惊醒。

140

你们的语言和小真理可能在沼泽附近生长起来吗？我倒总是从他们身上听到一只青蛙的聒噪声！

141

你们应该学会用山重新建造：离能够移山你们还差不少，你们这些认识者！谁能移山，也得移走低地。

如果你们冷酷的必需品和无力感没有被闪电击碎，并且被五颜六色的杂草覆盖，你们如何能忍受！作为你们的不幸的废墟和牺牲，你们当拥有此在(Dasein)的权利！

对你们来说当成为美的，不是一种趣味，而是一种渴望：你们的必需品被叫作美：否则我不想要你们。

你们的欲望不应在饱足之时静默和隐没，而应该在美中静默和隐没——：即将降临的诸神的阴影当使你们安静。

一切创造者都在寻求什么啊？他们全都在寻求新的语言：他们总是厌倦了老旧的腔调：精神不再想穿着这些太破旧的薄鞋底陪他们走了。

你们对远方大海的瞭望，你们触摸山岩及其顶峰的欲望——这只是表达你们的渴望的语言。只有你们的目光和你们的欲望在寻找人类，以及比人类更多的东西！

146

那些人把与他们冲突并且伤害他们的东西称为上帝：这就是这些英雄的方式。他们知道如何爱他们的上帝，无非是要把人钉在十字架上。

147

所以让我们成为敌人吧，我的朋友们！就像在你们上方，拱顶的拱形结构支离破碎并且互相对抗：

就像你们头上的光明与阴影因为它们的敌对而成为神圣而安全的，成为美的：你们的思想与你们朋友们的思想，也应该因为它们的敌对而成为神圣而安全的，成为美的。

148

你们不愿听到有人在你们头顶上漫步。所以，你们把木头、泥巴和垃圾放在他与你们的头之间——这样你们就能减轻他的脚步声了。

149

你们把所有人的缺点和弱点放在我与你们之间：你们把你们房子里的土壤称为坏土。

但尽管如此，我还是用我的思想走在你们的头上：即使我想走在我自己的错误和假地面上，我仍然会在你们和你们的头上！

150

现在,我的山峰的冰冷和无辜也还在发光。

151

你们这些颠覆者,你们还不明白颠覆何为? 在你们的蔑视的泥泞中躺着被推翻了的雕像: —— 正是从你们的蔑视中, 你们的生活和活生生的美又突然苏醒了。

以更神性的容貌,带着痛苦的诱惑,她起来了,你们这些雕像颠覆者! ——她还要感谢你们对她的神化!

152

坐在一只老虎身上的狄奥尼索斯: 一只山羊的脑袋: 一只豹。阿里阿德涅梦想着:"为灵魂所离弃,我梦想着超英雄"。完全隐瞒狄奥尼索斯!

153

每一个行为都需要阐释: 它召唤所有的猜谜者。我给了阐释者新的话语和方式: 他们使人类的天气标志更好地说话。

154

我是一个先知: 但我的良心无情地跟随我的观看: 因此我也是我的幻觉(Gesichte)的解释者。

155

黑色的池塘，蟾蜍的甜美忧郁在其中歌唱：对我来说，那就是你们，你们这些教士。你们当中谁能忍受赤身裸体！

156

你们最好把你们的尸体打成黑色，你们的讲话在我听来就像死囚室里恶臭的沉闷。

157

我多么讨厌你们的谦卑的虚假痉挛！从你们的跪拜中，我看出了奴隶的习惯，你们这些上帝的马屁精啊！

158

昨天月亮升起时，我以为它要生一个太阳：它躺在地平线上，那么宽大，像孕妇一样饱满。

但怀孕的月亮是一个骗子：我既不再相信月亮上的男人，也不再真正相信月亮上的女人。——我把这个比喻给你们，你们这些狂热者和月亮上的人物。

不孕不育的发黄的月亮升了上来，在上升中变得越来越小，越来越苍白，看上去越来越虚假。真的，它的坏良心从它身上往外看，这个贪婪好色者。

它贪恋于这个地球，仍然为这种贪婪而感到羞耻，它想给予自己的目光一种神圣性和一种弃绝。

即使你们躺在地平线上，那么宽大，像孕妇一样饱满：真的，你们也不会为我孕育一个太阳！（浪漫主义者）

对地球的贪恋：但你们的坏良心会在你们的贪婪中咬你们：所以你们选择了忧郁。

159

对我来说，你们是荒草和草原：但我意愿把你们变成持续的火和带着火舌的宣言者。

就像观入一只眼睛，我观入你，生命啊！

他的眼睛里闪烁着金光：一艘金色的小船在黑暗水面上游弋。看看我：这金子的舞蹈起起落落！

160

你们很熟练，也有灵巧的手指。但你们不知道如何握拳。

只有当你们的手指已经钻进你们的拳头中时，我才意愿相信你们的力量。

与我战斗的蠕虫，我先把它变成了我的一条龙：它还那么幼小，所以我是与你们的未来战斗。

但倘若你们想要战斗和获胜，我就必须先把今日的巨龙转变为蚯蚓！

你们是我的工具和手表，仅此而已！所以我想用我的嘲讽来取笑你，你们当对我发出嗡嗡之声。

我宁愿睡在牛皮上，也不愿睡在你们的舒适和恋爱的床上。

你们只看到我的火花：但你们看不到我是铁砧，你们猜不到我的铁锤之残酷。

我不想用蛇发的恐惧把你们转变成石头，使你们哑口无言：我只用我的"美"之盾牌保护自己免受你们的伤害！

你们听到这盾牌的声音和笑声吗？这是美的神圣笑声：它会让你们对我哑口无言！

166

我知道如何骑你们：谁若知道如何骑马，他也就懂得如何骑在马鞍上。

167

我依然像别人农庄里被母鸡咬的公鸡。

168

我要向所有干燥的灵魂召唤一种火焰和一种危险：炽热的灰烬当在我面前扬起。

169

我又孤独了，被放逐了。我被我的朋友和爱我的人们放逐到我的孤独之中。所以我想对我的敌人说话。

我想对那些讨厌我的人说话：我是否可能比我的朋友们更好地说服他们来找我。

所以今天我渴望我的敌人，就像我曾经渴望所有的真理一样。我曾经把所有伤害我和让我最受伤的东西叫作真理。

我想把我灵魂的所有邪恶倾诉给我的朋友们：我是否因此也许引诱我的敌人走向引导我的东西。

朝着你们的爱吗？啊，现在它又回到了我身边，可怕的知识——是谁驱使我进入荒野，让我变得野蛮？

徒劳！徒劳啊！你们自己把野蛮人赶出去了：我朋友们的意志把我变成穴熊。

啊，是谁使我孤独，变得狂野，变成旷野的穴熊？

啊，谁把我放逐到无情的石头和风暴之中

170

别喊不！半夜三声雷和三道闪电？

171

当我看着我的图画册时，狗和孩子应该看我的腋窝。

172

优雅属于胸怀大志者的宽宏大量。

173

我尊重你们，像水牛一样，靠近沙滩，更靠近灌木丛，但最靠近沼泽。

174

用许多小药粉，人们可以把勇敢者变成懦夫。

175

你当带着沉睡的剑悄悄地经过这个敌人。小心攻击他！因为谁攻击他，就是玷污自己。

176

我，地球上出生的人，体验了太阳的疾病，视之为自己的日食和自己灵魂的大洪水。

177

我原以为成了最丰富者，并且至今还相信这一点：但没有人从我这儿获取。我于是忍受着给予者的疯狂。

178

我没有触及他们的灵魂：很快地，我甚至将不再能触及他们的表皮。最后的、最小的鸿沟是最难以跨越的。当我对自己最爱之时，难道不使你们最痛吗？

179

我的爱和我对你们的热望，与我的放逐共生，而且连我的爱之疯狂也使我更疏远于你们，更不能为你们所理解。

但我是一个被放逐者：他们已经把目光从我身上移开了。而我自己也不再碰触他们的灵魂的肌肤。

啊，自从我被叫作放逐者以来，现在我对他们的渴望就越来越强烈：这种疯狂的爱使我变得更陌生和更可怕。

180

我渴望交谈。对着沉默的人。

挺起胸膛，像那些屏住呼吸的人：你们也是，你们这些崇高者！默然无声。

181

我把美叫作善好 (das Gute) 对于感官的启示：我的善好！为我的——感官！而且，精神曾是的东西，现在对我而言仿佛只成了精神。

182

现在我已经受够了我的希望：于是它停止了希望（我不再属于那些希望者）。

183

我飞到了太远的未来，一种恐惧笼罩了我。当我环顾四周的时候，看哪，时间是我唯一的同时代人。于是我渴望你们，你们这些当代人！

184

谁若想为自己准备毒药，他就必须戴上玻璃手套。

185

我给他们吃他们的虚无 (Nichts)；在那里，他们因虚无而窒息。

186

我举起镜子看他们的丑陋：他们不忍直视自己：他们眼中的邪恶眼神伤害了他们自己。

187

我为这一切不公正忏悔；我的崇敬比我的蔑视更不公正。

188

尽管你们已经失明：但我发现你们的眼里有更大的求盲目的意志。

啊，我知道你们的谬误的蓝色遥远夜晚：真的，我更喜欢那些知道自己的谎言的人的谎言，而不是你们的谎言。

189

一旦我的谦逊想说话，你们会比我的骄傲更难忍受我的谦逊。

190

我的狭窄道路在两种危险之间穿行：一种高处

是我的被叫作"傲慢"（Über-Muth）的危险，一种深渊是我的被叫作"同情"的危险。

191

"当我把我的重物扛到最后的高度时，我怎么能喘气和伸展四肢！"——英雄在路上经常这样想。但当他在高处放下重物时，他没有这样做——在此他也还战胜了自己的疲倦：这当儿，一种神性的颤抖掠过他的身体。

192

我云层的张力太大太长了：在闪电与雷声之间，它终于把冰和冰雹扔进了深处：它的胸膛有力地起伏，她把风暴有力地吹过群山——于是它松了一口气。

真的，我的幸福和我的自由像风暴一般来临：但你们却认为，恶人在你们头上肆虐！

193

将手臂放在头上：英雄就这样休息，英雄就这样还克服了自己的休息。

194

今天我要释放我的奴隶，自己成为他们的仆人和消遣：自由的饮料当上升至他们的头脑和心中。

195

你们这些当代人，对我来说，你们处于前景中，受到重视：如果你们不想成为我的废墟，我怎能容忍你们出现在我的图像中！你们最好的东西就是你们的杂草！

196

无花果从树上掉下来：它们又甜又好。当它们掉下来时，它们的红皮壳会裂开。一阵北风就是我成熟的无花果。

197

你们这些竖琴演奏者和诗人们，你们害怕音调的热烈吗？你们所有的竖琴声对我来说都是幽灵般的呼吸和幽灵般的掠过：你们用瘦削的手撕扯着细细的琴弦，但你们何时曾打动过一颗心？——如果它没有吸引对你们的贫困的怜悯！

198

你们这些合时宜者，你们没有为我抹去和洗去女人的形象！

199

我住多高？我还从来没有——当我爬上去时——数过自己的楼梯：——但我对自己的高度

的了解就这么多：我的屋顶和隔间从全部楼梯的尽头开始。

200

——人们还必须扯着他的头发把他拉到天上！

201

你们就像面粉袋一样在你们周围扬起尘土，你们这些学者呵，而且是非自愿的！但谁能猜到，你们的灰尘来自玉米和夏日田野的黄色喜悦？

202

对英雄来说，万物之美是最难的：恰恰对英雄而言，美是不可企及的和无法达到的。

203

多一点，少一点：恰恰这里是多，恰恰这里是最多。

204

人们必须用霹雳和天上的烟火，对松垮的和沉睡的感官说话：但美之光芒轻声细语，它们只会潜入最警醒的灵魂之中。

205

你们这些狂热分子，你们以为你们的材料更好吗？但我要告诉你们，你们只是更善于打扮和伪装，你们懂得更好地掩饰你们的坏材料!

206

有时连可怜的人也会变得诚实：这种事很少发生！——在此人们应当听他的声音，爬进他的沼泽。

而我，也曾在芦苇丛中坐下，听到那只可怜的青蛙在忏悔。

207

你们以一把公正为傲，亵渎万物，用你们的不公正之洪流淹没世界。

208

他们在街上站了好几个小时，看着路过的人们；而其他同类则无所事事地坐在他们的房间里，看着从他们身旁经过的各种想法。我嘲笑这些沉思者。[1]

209

对他们说不，同时吐口水：他们会迅速扑倒在地，舔你们的唾沫。但在谦逊者中间，每个教士都变得放肆无礼：他的屈辱报复了所有屈辱者。没有什么比教士的恭顺更有复仇欲的了。

1　类似于叔本华的说法，参看他的《补遗》第2卷，第51节。——译注

肌肉放松而美丽，与一个大慈大悲者相称：而且真的：如果美不是恩惠的可见化，那又是什么呢？

当优势变成恩惠的，它的恩惠下降到可见之物中：我把这样的下降叫作美。

在你们的灵魂的混浊海洋上，太阳从未升起过：而当太阳落下时，你们更不知道它的福乐。

我的同情变成了凶手：当我最爱人类时，我把人类钉在十字架上了。

我现在比任何人都穷：杯子变空了。我的财富不见了：现在真的，我自己又变成了人。

我从他们的救世主那里把他们解救出来。——可是超人怎能忍受对人类的理解呢！因此人们必须劝说人去创造超人，并且为超人之故而毁灭：他能存活吗？

215

超人的危险是同情。让我们小心提防，不要给予超人同情！——但现在，我的福乐就是，没落。（据最后一次演讲）

216

他们想用他们的德性来抠掉他们敌人的眼睛：他们站起身来，因为他们想贬低别人。

217

我只想要强大者的温良，作为他的自我征服，并嘲笑那些懦夫，后者自认为是"善好的"，因为他有跛脚的爪子。

218

一个伟人向来何时成了他自己的追随者和仰慕者呢？当他走到伟大一边时，他就站到了自己一边了！

219

我确实愿意成为一种权力，但不是一个粗鲁的驱动者和催逼者：不过，在刮风的地方，我意愿随风而行：如果我是隐形的，我意愿在孤独的水手和发现者的桅杆上变成可见的，有如火焰。

你应当像柱子一样向高处生长，更细腻也更纤细，但内心更坚硬，屏住呼吸：所以柱子力求向上。

"我愿这样死去！并再次死去！为了这样死去而活！"而且即使她死了，她也微笑着：因为她爱查拉图斯特拉。

天上传来隆隆的暴风雨，依旧不可见。

然后响起了一阵雷声：然后是一片寂静——犹如用一种可怕的蜷曲，这种寂静把我们包围和束缚：世界静止了。

然后女人宣告鹰和蛇的到来。征兆。普遍的逃遁。瘟疫。

她把查拉图斯特拉的手臂拉到自己胸前。

又发生了深渊的呼吸：它呻吟着，怒吼着升起它的火焰。

这是毒蛛的洞穴：你想看看吗？这是一只苍蝇的嗡嗡声。它的网挂在这里：触摸它，让它颤抖。

我想教你如何跳舞，那疯狂的舞蹈：因为你已经成了所有人当中最忧郁者。我要通过疯狂来治疗你的忧郁。

他们赤身裸体地塑造众神，这是怎么回事？——所以，最南方的人也渴望一个（第二个）南方。

你对我来说是一只毒蛛：在你的背上，你的三角形和徽章是黑色的。用你最毒的一口咬住这些浅薄者，让他们的灵魂首先具有深度、忧闷和黑色的痂。

致悲观主义的教师们。
. . . .

1883年末箴言 *

* 据1883年末笔记，《尼采著作全集》(KSA) 第 10 卷笔记 22 [1]。相应的手稿编号为: Z II 3a。以早先的本子 (13、15、16、17、18) 为基础的誊清稿，箴言和短语的汇集，部分收入《查拉图斯特拉如是说》第三部。——译注

1

与我和我欢腾的良心独处

2

在一个小岛上，你有你的朋友和你的敌人：爱与恨是多么甜蜜！

3

父亲不也必须为了儿子的最大利益而抵制他吗？任何向来为自己争取权利的人都不会出于爱将这种权利给予自己的儿子。

4

我们因我们的德性而受到最严厉的惩罚。所以，要学会猜测你的德性在哪里：在你受到了最严厉的惩罚的地方。

5

寂寞的日子想用勇敢的脚步行走。

6

我变成了千里眼：一把钻石剑划破了每一种黑暗。

7

他们幸福的反光像影子一样从我身上飞过：当他们感到坚强、脚步稳健时，怀疑悄悄地爬到我身上，还有它的同胞，虚弱。

8

人们应当把女人身上的女人解救出来！女人可能会渴望男人，而不是追求男人气概！

9

现在还没有时间给我。但是，在一个没有时间留给查拉图斯特拉的时代，这又有什么关系呢！

IO

有人跟我说，人类是爱自己的？这是真的吗？我也发现，人类依然总是作为所有猛兽中的猛兽针对自己。

II

"查拉图斯特拉所规定的事情将会发生：他的伟大心灵怎么可能改变自己的决定！"

I2

怜悯你的脚，免得它踩在泥潭上：所以，你甚至不能用脚去踩那个背叛自己朋友的人。

13

由此我认识了超级富有者：他感谢从他那里有所获取的人。

14

于我而言，这才是真正的演说家和超级演说家，他说服了自己的理由，让这些理由跟随他。

15

你以足够快的速度骑往目的地：但是你的跛脚也与你一起坐在马背上，并且会与你同时到达。

16

这是我为你感到的害怕：恰恰在你到达你的顶峰时，你会绊倒！

17

有违逆知识的演员和违逆意志的演员。

18

有些人意愿，但大多数人只被意愿。

19

你依然被允许拥有愿望的时代已经流逝了。

20

小德性对于小人物来说是必要的：但谁能说服我，让我相信小人物是必要的！

21

你并不羡慕他们的德性——这一点是他们永远不会原谅你的!

你走上伟大的道路:现在,深渊与巅峰对你来说已经合二为一了。

再也不要环顾四周:让它成为你最后的勇气,你身后不再有路了。

没有人应该在你后面爬行:你的脚刚刚踩过的地方,路就已经被抹去了,上面写有:不可能。

现在,这成了你最后的避难所,你一直把它叫作你最后的危险。

这是他的蠢行:他无法忍受所有的警告者和鸟鸣——他跑进自己的深渊,因为他被警告过。

弱者称之为"偶然"。但我要跟你们说:可能落到我身上的东西不会强迫并且吸取我的重力吗?

看看我是如何用果汁为自己烹制每一个偶然的:而且,当它被煮熟后,就被我称为"我的意志和命运"。

在我的偶然中与我的身体和意志格格不入的东

西,我怎么可能热情款待它! 倒是看啊,只有朋友才会来找朋友。

24

警告之鸟从我的幸福本身飞起。

25

这体验光荣地到来: 但我的意志却跟他说——它已经跪在那里乞求了。

26

你想成为迈步前行者的推动力吗? 你想一瘸一拐地走在那个着急火忙的人前面吗?

27

对于向后看却向前走的人, 人们应该迎面撞向他的身体: 使得他不再能用脚来证明自己的眼睛在撒谎。

28

"它给予了", 你们这些惬意者说: 不过, 惬意本身总是在索取,而且将越来越多地索取! [1]

---

[1] 此句中的"给予"(giebt sich) 和"取得"(nimmt sich) 似乎显示了"予"(geben) 与"取"(nehmen) 的关系。——译注

甚至我们放弃了的东西也编织在一切未来的织物中：我们的虚无也是编织大师和结网者。

有些人对自己感到厌倦：直到那时，为他保存下来的幸运才赶上了他——但他的脚步总是走得太快了！

你们还是会对我的饮料打喷嚏：我的起泡酒会让你们的鼻子发痒，变得淫荡。

问我的脚是否喜欢你们的方式：舞者把耳朵戴在脚趾上。

这是我最后的人性：我这个最温柔者变成了最冷酷者——

我曾经在我的荣誉上睡着了吗？对我来说，每一种荣誉都犹如荆棘之床。

难道我不是天气分界线吗？难道不是所有的风

都来找我,向我宣告它们的意志吗?

36

而现在,我顶峰的冰雪和纯真依然在发光。

37

我依然像别人农庄里的公鸡, 连母鸡也会咬它一口。

38

比起你们的蔑视, 你们的崇拜中有更多的不公正

39

像我一样行动吧: 唯有行动者才会学习; 而且, 唯有作为行动者,我才意愿成为你们的教师。

40

愿一道闪电击中你们的食物! 你们的嘴首先学会了吃火!

41

你们像波浪一样冲向我: 但我用我的桨击中你们的头。看哪,你们正载着我的小船走向不朽。

42

这是我的意志: 我的骄傲之激浪仍旧会在它上面破碎。

43

我想把你们变成一团持续的火以及带有火舌的传令官：但迄今为止，你们只是干草和草原。

44

他漆黑的眼睛里闪烁着金光：一艘金色的小船在黑色水面上游弋。

45

演员没有时间等待正义：我经常看着那些不耐烦的人，看看他们是不是演员。

46

他们全都意愿持存——并且称之为公正。以及"带向平等"——

——保护太多——这是一方面：放弃太多——这是另一方面。

47

只有当一个人不能抢劫时才该去偷窃：盗贼当中的荣耀之声如是说

48

我已经觉得我在做梦：那么我是快要醒来了吗？

49

如果你不先学会走路，你如何可能学跳舞呢？但在舞蹈者头上，还有飞翔者和上方与下方的福乐。

50

谁若追求强者的德性，他就不必贪图弱者的德性，而要严格避开这些漂亮少女。

51

啊，你相信必须在你一味放弃的地方蔑视！

52

有一天我发现，我已经失去了耐心：于是我出去寻找它——而且我找得很好。但是，我的朋友们，你们会认为我又找到它了吗？恰恰相反：我倒是在我的旅途中发现了如此之多的东西，以至于我不得不讲述给你们——而且，我向你们发誓，现在就像在我们的第一次出行中，你们会失去耐心。——还有，这其实并不意味着我想要的不同：因为在此期间我所学到和发现的最佳的东西，恰恰是这样一点："对许多人来说，是失去耐心的时候了"。

尤其是对你们来说，我的朋友们啊！

53

你们要提防所有半心半意，要像坚定地去行动一样，坚定地面对惰性。

54

谁若想要抛出闪电，就必须像云一样长久地挂在天空中。

55

你们必须学会长久沉默；没有人可以看到你的根基。

而且，这些人并不是最好的沉默者，他们蒙着自己的脸，弄浑了自己的水，使得人们无法看穿他们。

相反，光明者、勇敢者、透视者才是最好的沉默者，他们的根基是如此深刻，即便最清澈的水也不会透露这个根基。

因为在他们那里，沉默并不显露为沉默。

56

现在对我来说还为时过早：迄今为止，我只是我自己的先驱和宣告者—呼声。

57

你不应该涉足陌生的烂泥：相反，在这里，像一道神性的蔑视目光一样稍纵即逝地越过它们，才是你的艺术。

58

迄今为止，一切被好好追求的事物都取得了成功。

59

我的墓穴打开了，我被活埋的痛苦再一次升起。他把自己藏在裹尸长袍下，为的是睡个好觉——现在,苦啊,是为了彻底醒来!

60

我的幸福追着我跑，查拉图斯特拉说——这并非由于我不追求女人: 而且,幸福就是一个女人。

61

人类在上帝面前是如此谦卑，并且驱使他反抗自身，以至于现在他意愿有一种致命的报复: 所以,那个看到了一切的人必死!

对证人的报复——
· · ·

62

这是耻辱中的奸诈: 它想让自己相信，它只对暴力让步; 而它最喜欢的东西应该只是一种屈服和弱者的绝望。

谁若无事可做,那就没什么可困扰他。

我不想让你们对我做的事,为什么不能让我对你们做呢?而且说真的,我必须对你们做的事,恰恰是你们不能对我做的!

他们全都没有性格:这有什么用!他们不得不为自己偷一种性格。

至少做你们意愿之事:但首先是成为能够意愿的人!

至少像爱自己一样爱你们的邻人:但首先是成为爱自己的人

一道微弱的光,但对于会被黑夜出卖给狂野大海的水手来说,却是一种大安慰。

遗忘:这是神性的熟技。谁若意愿高升,意愿飞往高处,就必须把许多沉重的东西掷进深渊,让自己变得轻盈起来——我把这事叫作神性的轻盈熟技。

69

从远处看，人们彼此之间的看法很恶劣。但两个人在一起——他们怎么能不相互友善呢!

70

孤独成熟了: 它不种植。

71

唉, 你想把他买下, 但你出价太低了, 而现在你增强了他的德性, 因为这种德性一度表示了拒绝。

72

谦逊地拥抱一种细小的幸福, 同时又谦逊地觊觎一种新的细小的幸福——

73

甚至在监狱里, 我的自由及其新欲望也消逝了。

74

我看到了如此之多的善好, 如此之多的虚弱:你们相互间要像沙粒一样公正和端庄。

75

正是目的亵渎了一切事物和行为: 因为如果目的不在事物和行为的内心和良心中, 那么什么是神圣啊!

我希望，你不会用"为……""因为……"和"为了……"[1]来做一件事——而是每一件事都是为了这件事之故以及对它的爱。

76

而如果有人迄今为止一直极深地鄙视人类——那么，难道他不是恰恰因此始终是人类最大的恩人吗？

77

"这阴云密布的人想要什么呢？他想给我们带来瘟疫！"

"把孩子们带走吧：这样的眼睛会灼伤年轻的心灵。"

78

你们错误地谈论事件和偶然！除了你们自己，从来不会有某种别的事会发生在你们身上！而你们所说的偶然——你们本身就是落在你们身上的东西！

79

正午时分，我的幸福在我头顶上炙热，我的太阳

1　此处"为……"（um）、"因为……"（weil）和"为了……"（damit）是三个表"目的"的小词。——译注

在海边干渴——现在，一个乌云密布的黑夜和突兀的狂风来了。

我很清楚风从哪里来，往哪里呼啸

80

种植他的意志，让他成为一棵高大的树，为子孙后代带来阴凉——一种长久的意志！

81

你们所谓的良心到底是什么？不是一种律法，而不如说，你们需要一种律法，一个支撑你们的手臂，你们这些醉酒的踉跄者！

82

"柔软的、短暂的、谦逊的"

83

我应当站在那里痛骂妓女的幸福吗？抑或责骂"继母本性"？

84

你用赞美和责难在你周围拉一道篱笆。

85

如果你不能忍受生活，你就必须试图爱生活——因为这种做法始终是最聪明的人的诀窍。

他们的艺术最大胆的手法是，当他们觉得自己离魔鬼太近时,他们信仰上帝。

他们学会了交换名字: 而且这样一来，他们就在事物上自欺欺人。看看吧，最聪明者的全部艺术!

大多数人对自己的利益太过疯狂: 他们的幸福使他们全都发疯了。

他们为了一 (Eins) 牺牲一切——这是某种爱。这种固执和本己倾向笼罩着所有人。

他们的狂热源自他们的爱情: 但这种狂热是一个糟糕的计算者,蔑视冷酷的小商贩德性。

因为小商贩的德性, 小商贩粘着钱味的手指和贪婪的眼睛——这依然低于动物的尊严。

一切能够支付的, 都一文不值: 我把这种教诲喷向小商贩的脸。

金钱从所有手指间流过: 因此要学会戴上手套去触摸钱和兑换货币的人。

要赞美的是小小的贫穷: 因为所有小商贩都在

努力争取大财富。

钱在哪里响起,妓女就在哪里。

89

谁若始终对自己多加爱惜,他最终都会因自己
太多的爱惜而生病。

90

他说话粗鲁,但不是嗓门粗;每一缕微风都让
他嘶哑地说话,这娇生惯养的!

91

人们经常教绝望的人获得力量的办法,无非是
告诉他自己的软弱。

92

有一些是饕餮之徒,另一些是美食家——两者
均是可鄙的。

93

证人与培育者。

94

哦,这些狭隘的小商贩心灵!当钱跳进盒子里,
小商贩的心灵也跟着跳进去了。

他的心灵是一只钱包,他的幸福是肮脏的
纸——他的血怎么可能变成纯洁的?

直到第十代仍然暗淡而腐朽地流动：小商贩的子孙是有伤风化的。

95

来自作家和尖叫者。来自一日之师。

96

离我远点，我的诱惑者，查拉图斯特拉对老者说，同时亲吻他那颤抖的手；他为自己的话笑了，因为他想起了一段往事。

97

这是小人物的时代[1]。

98

最左边的脚趾比他们的脑袋更能感觉到右边。

99

愚人合唱团，即智者合唱团，他们时而感到自己无知而愚蠢

穷人合唱团，即那些渺小者和多余者合唱团，他们的轭是很轻的。——爱默生，第283页。

100

不是为一个人的信仰而被焚烧，而是为对其信

---

[1] 原文为："Es ist die Zeit der kleinen Leute"，或可径直译为："这是小人时代"。——译注

仰的怀疑——

IOI

我不想再掩饰我的感受: 关于真相, 你们跟我说了什么啊!

IO2

他的精神被困在他狭隘的心的牢笼里。

IO3

我爱人类吗? 但他们属于我的计划——而这却是我全部的爱。

IO4

多疑而溃烂, 为突然的意志做好准备, 坚定的看守者和潜伏者

IO5

以前不想要的东西, 是我以后必定想要的——我没有其他任何选择。

IO6

反对僵硬的智者, 从他们那里解救出——心灵, 对它而言一切皆游戏。

· · · · ·

IO7

他们意愿没有人伤害他们: 所以他们来到每个人面前, 并且善待之——这些懦夫啊!

108

"做你们所意愿之事，但当心不要因此引人注意！做你们所能之事，但当心不要因此撞到什么！"习惯的药方。

109

在德性中没有跳跃。

110

寻找他的敌人，发现他的朋友

111

药方：意愿长久，没有贪欲，学会沉默，学会孤独，学会深度怀疑

112

石头变脆

113

为意志创建一个支柱——通过一个组织

114

诅咒那些出类拔萃者退场时没有孩子。

115

上帝的杀手，最优秀者的引诱者，恶人的朋友

116

迄今为止谁最鄙视人类，他不是恰恰因此成了

他们最大的恩人吗？

117

——盗尸者，仍然知道从这些死者和半死者身上偷东西的盗尸者

118

交易总比商人好！

早晚都说："我蔑视小商贩，我想折断他的长手指。"

119

高等人的痛苦不是他的低等，而是他知道："还有更高等的"。像球一样被推向高处——他们称之为"上升"。

120

你们扼杀了她的野心！她更渴望成为你们当中的最后一个，而不是第一个！

121

"欲望是个女人，它跟着唾弃它的人跑。"

122

你们计算了所有人的幸福，却忘记了未来的人——大多数人的幸福！

* * * * *

123

问问女人们吧！人们生育，并不是因为生育使人快乐。

124

"它要命令我？好吧，让我们互相搏斗吧：也许我的意志是更强大的！"——关于恶人的产生。

125

现在不再有我爱的人活着；我怎么可能还热爱生活！

126

当天使们看到他微笑时，他们泪流满面

127

又累又快乐，就像每个创造者在第七天。

128

即使是对于坏的偶然性，我的心也很有礼貌：在我看来，刺猬对命运的挑刺正是刺猬的智慧。

129

时辰已经在我们的心上轻轻流淌。

130

当我没有梯子时，我总是爬到自己的头上。

131

这才是寂静：没有人想到我，人人都在谈论我。

132

我寻找我自己，以及我的自我可能以何处为家——那是我最重的苦难。

我寻找我最重的轭：我在那里发现了自己的自私。

133

他是不可动摇的，而且如果他抱怨，那么这更多地还是对你们的宽容，以及他披在自己的冷酷上面的斗篷。

134

我不赞美流淌着黄油和蜂蜜的土地。

135

"最糟糕的情况已经过去了"

"我把你看作一个智者——但你身上最让我惊奇的是你的聪明。[1]

136

笨拙的德性

---

[1] 原文如此，只有半个引号。——译注

137

"我想随心所欲地生活，不然我就没有了生活的乐趣"——最圣洁者还会这样想。

138

在我一直担心的地方，我最终会希望——哦，深不可测的想法，现在我依然在学习热爱深渊！

139

自私和权势欲把谎言推向了最高水平。

140

你看过最高山上的岩石吗？它不是在海底形成的吗？

141

当心啊，你们这些最富有者：你们的小善行比大的吝啬更令人发指。你们就像颈部太窄的大腹瓶一样滴水——这种瓶子的瓶颈经常被打破。

142

这个邻人与他的小苦难，这个城市与它的小气流——每天都在拆掉你的力量。你怎么想要在这里学习成就伟大的事业呢！

143

像一具尸体一样无助

144

"我们也要在德性方面保持谦逊！只有谦逊的德性才能与舒适相容"——

145

作家和尖叫者，热烈的野心家，纠缠不休者和厚颜无耻者——

146

一种本能是如你们教导的那样，想要"得到满足"吗？它想要摆脱自身并且拥有宁静吗？一种意志可曾想意愿非意愿？[1]

147

他创造，这是所有本能的活动：而且，如果他睡一会儿，那么他只是为了睡够之后——醒来。

为了醒来，人们必须睡足了。

148

但你们把意志的本质误解为厌恶和反对自身的意愿（Wider-sich-wollen），你们总是曲解意志疲倦的声音以及沉睡者的喘息和鼾声。

1　此句原文为："Wollte jemals ein Wille das Nicht-Wollen？"，句中"意志"为名词 ein Wille，"非意志"为名词 das Nicht-Wollen，"意愿"为动词 wollen。也可译为："有意志想要不想要吗？"——译注

难道睡眠是一种致死的发明吗？想要睡觉的人是一个疲惫不堪者吗？即使最活跃的人也会喘息和打鼾。

人人享有平等权利——这是最不寻常的不公正；因为最高等的人吃了亏。

公正总是得到最佳的赞美：它得到了大多数人的赞美——那些不被允许拥有同等权利的人！

他孵化自己的不幸，有如孵化一只蛋。

哦，你这认识者，你也有一种强求！而且，这应该是你的报酬，即，你总是看到一切事物的前景！

他的精神减弱了——现在它的好与坏变得更明显：它变得更加幽暗——哦，愿现在变得更明显的，只是新的星辰！

编译后记

　　弗里德里希·尼采(Friedrich Nietzsche, 1844—1900年) 是一位易读难懂的哲学家，在中文世界流传甚广，哪怕在当下这个纸书被贬的时代里，尼采的书依然有可观的销量。几年前，网红董宇辉在直播间推销我翻译的《查拉图斯特拉如是说》，好像也就几分钟时间，竟然售出三四万册。尼采地下有知，未知会有何感想。

　　尼采之被广泛传播，有一个重要原因是尼采的警句和箴言。网络上充斥着这样那样的尼采语录和格言，真真假假，也没个出处，我看了几条几篇，一头雾水，不知道尼采是不是真的讲过或写过这些神神叨叨的东西。我想原因可能有两个：一是因为有人借尼采之名造谣，根本就不是尼采的话，反正只要说是尼采写的，大家就可以拿来玩深沉；二是因为尼采汉语译本有不少问题，好些译文质量不够高，难免以讹传讹。如此一来，尼采就成了一个用"格言／箴言"励志或者教诲的哲学家，留下一堆不明真相的人生哲理大杂烩。

尼采确实改变了哲学。一方面，尼采受前辈哲人叔本华影响，把哲思的目标从观念世界的构造降至人间，去关怀每个人的欲、痛、死；另一方面，尼采成功地实践了一种哲学表达法，即格言或箴言体写作。这尤其表现在《人性的，太人性的》《快乐的科学》《查拉图斯特拉如是说》中，在未完成的《权力意志》遗稿中也有所体现，科利版《尼采著作全集》正文共13卷，其中后6卷是尼采的笔记残篇，多半也是箴言／格言式的。

我们完全有理由说，箴言／格言体写作是尼采的拿手好戏，构成尼采的典型风格。而尼采自觉地、集中地写作箴言／格言，是在查拉图斯特拉时期，特别是1882—1883年间。科利版《尼采著作全集》(KSA) 第10卷是尼采最重要的著作《查拉图斯特拉如是说》一书的笔记，其中包含与《查拉图斯特拉如是说》相关的大量箴言／格言，是特别让人关注的。现在该卷已经完成中文翻译，我们可以据此编辑一本尼采《查拉图斯特拉如是说》时期的箴言集了。我相信，此事是有意思的。

收录于本书中的箴言共有五组，按照写作或辑录时间秩序排列为：一、1882年夏至秋箴言；二、1882年11月至1883年2月箴言；三、1883年夏季箴言；四、1883年夏季箴言；五、1883年末箴言。这五组箴言是尼采自己汇编的，前三组带有数字序号，后二组原本没有序号，现在的序号是中译者添加的。如此，五组共有约1300条箴言。

"无歌的思索"是尼采本人对"格言/箴言"的规定。在1882年春季的一个笔记本中，尼采写下一首题为《歌曲与格言》的诗：

> 节奏为头，韵律为尾，
>
> 音乐始终是灵魂：
>
> 这样一种神性的尖叫声
>
> 我们称之为歌曲。简言之，
>
> 歌曲就是："音乐话语"。
>
>
> 格言有一个新疆域：
>
> 它能嘲笑、狂想、跳跃，
>
> 格言从来都不可能歌唱；
>
> 格言就是："无歌的思索。"——

尼采在此明确地区分了"歌曲 / 抒情诗"与"格言 / 箴言"。尼采把"歌曲 / 抒情诗"规定为"音乐话语"（Worte als Musik），或可直译之为"作为音乐的话语"；而所谓"格言"（Sinnsprüche），尼采的规定则是"无歌的思索"（Sinn ohne Lied）。两者的区别有两项：其一，抒情诗必须是可唱的，其灵魂是音乐，所以才叫"歌曲"，而格言 / 箴言则不可能歌唱；其二，抒情诗是终究具有神性关联，原本是歌颂神祇的，故可谓"一种神性的尖叫声"，而格言 / 箴言则是通过"嘲笑、狂想、跳跃"来完成的"思索"。

就在查拉图斯特拉时期，尼采以为自己写出了最美妙的"歌曲"即"酒神颂歌"，典型如《查拉图斯特拉如是说》第二部中的"夜歌"，是他经常要拿出来炫耀一番的；而与此同时，尼采开始创作、收集、汇编他写的"格言 / 箴言"，是所谓"无歌的思索"。显然此时在尼采看来，通过《查拉图斯特拉如是说》，他已经把"两者"——"歌曲与格言"——完美

---

1 据1882年春季笔记本，载科利版《尼采著作全集》第9卷，德文版，柏林 / 纽约，1988年，第679页。

地带给我们了。

　于是我们编译了这书"查拉图斯特拉时期箴言集"。

2024年5月23日

记于余杭良渚

Friedrich Nietzsche

Sämtliche Werke, Kritische Studienausgabe in 15 Bänden
KSA 10: **Nachgelassene Fragmente 1882-1884**

Herausgegeben von Giorgio Colli und Mazzino Montinari
2. durchgesehene Auflage 1988
©Walter de Gruyter GmbH & Co. KG, Berlin · New York

本书根据科利/蒙提那里考订研究版《尼采著作全集》
第10卷选编而成。第10卷严格按照时间顺序收录尼采
作于1882年7月至1883/1884年冬之间的全部残篇遗稿。

出版统筹：沈　刚

责任编辑：薛宇杰

营销编辑：戴学林　金梦茜

责任印制：包伸明

书籍设计：陈　渚（notadesign）

奇遇时刻

ventura

联系我们：info@venturabooks.cn